FRIEDRICH ENGELS
KARL MARX

L'IDÉOLOGIE ALLEMANDE
(1845 - 1846)

[Première partie]

Présentation et commentaires
Jean-Jacques Barrère et Christian Roche

Traduction
Hans Hildenbrand

Collection animée par Denis Huisman

LES INTÉGRALES DE PHILO/NATHAN

Sommaire

 ISBN 2.09.175850.7

Introduction

☐ 1. DIE DEUTSCHE IDEOLOGIE

Die deutsche Ideologie (« L'Idéologie allemande ») est rédigé pour l'essentiel entre l'été 1845 et le printemps 1846, alors que Karl Marx et Friedrich Engels résident tous deux à Bruxelles.
L'ouvrage projeté, auquel devaient participer initialement Moses Hess et K.L. Bernays, de presque un millier de pages, se divise dans l'esprit de ses auteurs en deux formes.
Un tome premier : *Critique de la philosophie allemande la plus récente dans la personne de ses représentants Feuerbach, B. Bauer et Stirner,* comprenant une première partie consacrée à Feuerbach, et une seconde partie intitulée « Le Concile de Leipzig » consacrée à B. Bauer et à Max Stirner.
Un tome second : *Critique du socialisme allemand dans la personne de ses différents prophètes.* La critique de cette espèce de socialisme appelé par dérision et antiphrase le « socialisme vrai » se subdivise en cinq chapitres – mais dont seulement les chapitres 1 *(Les Annales rhénanes)*, 4 *(Karl Grün)* et 5 *(Georg Kuhlmann)* subsistent.
Seule nous intéresse ici la première partie du tome 1 de *L'Idéologie allemande,* intitulée « Feuerbach » – et que selon une tradition convenue nous éditons à part comme une « intégrale ».

C'est que ce texte inachevé (comme en témoignent ici ou là des redites qui sont autant d'étapes dans la rédaction d'un texte définitif que finalement nous ne connaissons pas) bénéficie à plusieurs titres d'un statut spécial.

• Placé finalement en tête du livre lors de sa première édition (seulement en 1922), il semble pourtant bien en réalité avoir été rédigé en dernier par Karl Marx et Friedrich Engels, puisqu'on sait qu'ils y travaillent encore en septembre 1846 alors que le reste du manuscrit, terminé depuis plusieurs mois, tente, en vain, de se faire éditer en Allemagne.

• Il ne présente pas la même intensité polémique, ni surtout le même caractère satirique que les autres chapitres rédigés contre les élucubrations intellectuelles de Bruno Bauer, Max Stirner, Karl Grün et consorts. Et même, dans certains passages, l'appréciation portée sur Feuerbach est relativement positive : *« Nous reconnaissons du reste pleinement que Feuerbach* (...) *va aussi loin qu'il est en somme possible à un théoricien de le faire sans cesser d'être théoricien et philosophe. »*

• Et surtout cette première partie consacrée à Ludwig Feuerbach est pour l'essentiel – et pour la première fois – un exposé systématique des principes de ce qu'il sera convenu plus tard d'appeler, beaucoup plus tard, le « matérialisme historique », c'est dire la valeur *« séminale »* de ce texte.

• Enfin c'est seulement cet extrait, qui forme d'ailleurs à lui seul parfaitement un texte en soi, qui est habituellement édité en France sous le nom d'*Idéologie allemande,* selon un mouvement initié par les *Éditions Sociales* elles-mêmes (si l'on excepte leur édition de la totalité du manuscrit en 1976).

Pour ces différentes raisons nous reprenons donc à notre compte, dans cette édition scolaire, cette manière de concevoir la publication de *L'Idéologie allemande* – et qui est, par ailleurs, pleinement conforme aux intérêts d'étudiants soucieux d'aller, comme il se doit, à l'œuvre elle-même pour approcher un des textes fondateurs du marxisme.

☐ 2. LES CIRCONSTANCES DE LA RÉDACTION

Marx (« le philosophe communiste de Trêves[1] ») est alors âgé de vingt-sept ans. Il vit depuis peu à Bruxelles où il réside avec sa femme et sa fille Jenny, la première de ses enfants, à peine âgée de sept mois. Il vient en effet d'être expulsé de la France de Louis-Philippe par le gouvernement Guizot (février 1845) sous la pression directe de la Prusse, en tant que l'un des principaux collaborateurs du *Vorwärts!* (En Avant), journal d'opposition de langue allemande paraissant à Paris[2]. Ne pouvant se rendre en Allemagne où un mandat d'arrêt l'attend aussi à la frontière, il décide de s'installer en Belgique, qui joue à l'époque le rôle de terre d'asile pour de nombreux réfugiés politiques.

Quant à Friedrich Engels, ayant quitté pour un temps la filature et les bureaux familiaux de Barmen (en Rhénanie), il s'installe lui aussi à Bruxelles en avril 1845 et commence dès lors sa longue et très fidèle collaboration avec Marx qui se poursuivra jusqu'à la mort de ce dernier (1883). Ceci justement dans le prolongement de la rencontre récente, d'une dizaine de jours, qu'ils venaient d'avoir à Paris (fin août début septembre 1844) et au cours de laquelle, déjà en profonde sympathie, ils avaient décidé d'écrire en commun *La Sainte Famille*[3].

C'est après le voyage d'été qu'ils effectuent ensemble en Angleterre, à Manchester et à Londres, et où ils rencontrent des représentants de la Ligue des Justes et de l'aile gauche du chartisme, que Marx et Engels se mettent au travail pour la rédaction de *L'Idéologie allemande.* Mais à ce travail se mêlent comme toujours beaucoup d'autres activités : discussions, réunions, travail de propagande, projet d'éditer en allemand (avec Engels) une « Bibliothèque des éminents socialistes étrangers » ainsi que la rédaction d'articles pour la presse. Marx a en même temps l'idée de faire paraître une volumineuse *Critique de la politique et de l'économie politique* (pour laquelle il vient juste avant son expulsion de Paris de signer un contrat avec Karl Leske, éditeur de Darmstad). Travailleur infatigable, Marx tente de mener de front tous ces travaux (qui cependant n'aboutis-

1. Selon l'expression du numéro de mars de la revue babouviste *Fraternité de 1845.*
2. La mesure vise également Mikhaïl A. Bakounine, Heinrich Burgers, Henri Heine.
3. « Lorsqu'en été 1844, j'allai voir Marx à Paris, nous constatâmes notre complet accord dans toutes les questions théoriques ; et c'est de cette époque que date notre collaboration », Friedrich Engels, *Histoire de la Ligue des Communistes,* 1855.

sent pas tous). Jour après jour il noircit aussi d'extraits et de notes force cahiers, à partir de la lecture d'un grand nombre d'ouvrages anglais et français d'économie, de finances, de statistiques, d'histoire, de politique, de démographie, et qui constituent comme autant de matériaux pour une œuvre future.

Initialement *L'Idéologie allemande* se présente simplement comme une brève réplique aux critiques formulées contre *La Sainte Famille* qui, éditée par J. Rütten, vient de paraître en février 1845 à Francfort-sur-le-Main sous la double signature d'Engels et de Marx. En effet, mis en cause comme on le sait par cette « Critique de la Critique critique », Bruno Bauer vient à son tour de passer à la contre-attaque dans la *Revue trimestrielle* du libraire-éditeur Otto Wigand en rédigeant un article intitulé « Caractéristiques de Ludwig Feuerbach » tandis que, dans la même revue, Max Stirner défend son propre livre *L'Unique et sa propriété* (1844). Marx et Engels y sont qualifiés de « dogmatiques feuerbachiens ».

Dans le jeu polémique qui se prolonge Marx et Engels veulent apporter une réponse à ces articles. Et comme Bruno Bauer et Max Stirner sont surnommés familièrement les Pères de l'Église, comme la *Revue trimestrielle* paraît à Leipzig, Marx et Engels imaginent tout d'abord, un peu par dérision, de titrer cette réfutation « Le Concile de Leipzig ». Mais au fur et à mesure de sa rédaction, comme on peut s'y attendre de la part de Marx, le projet s'amplifie. La critique s'élargit bien vite à ces penseurs allemands qui, mieux que les anglais et les français, s'estiment seuls qualifiés pour parler du socialisme ou du communisme (à cette époque les termes sont souvent équivalents) – c'est l'objet du tome II : *Critique du socialisme allemand dans la personne de ses différents prophètes* – mais dont les noms sont aujourd'hui plutôt tombés dans l'oubli : Karl Grün et Georg Kuhlmann et que Marx et Engels raillent sous l'appellation dérisoire de « socialistes vrais ».

Moses Hess (pour un texte contre Arnold Ruge) et K.L. Bernays (pour un « Essai sur le crime ») pensent aussi apporter leur contribution à l'ouvrage qui dépasse alors largement les cinq cents pages. Enfin, en cours de rédaction, il apparaît à Marx et Engels qu'il est important de définir dans une expression publique leur position par rapport à Ludwig Feuerbach. C'est ce à quoi ils s'emploient en dernier (sans doute jusqu'à la fin de 1846) alors que parallèlement ils tentent plusieurs efforts infructueux pour assurer la publication du manuscrit que leur ami le journaliste Joseph Weydemeyer a emporté en Allemagne. Cette partie, à laquelle Marx intègre certains fragments rédigés antérieurement dans les chapitres consacrés à Bruno Bauer et à Max Stirner, devient le chapitre 1. Feuerbach (que Friedrich Engels, après la mort de Marx sous-titrera : « Opposition de la conception matérialiste et idéaliste. »)

Quant à l'ensemble de l'ouvrage, compte tenu de sa nouvelle orientation (qu'indique son sous-titre : « Critique de la philosophie allemande la plus récente dans la personne de ses représentants Feuerbach, B. Bauer et Stirner et du socialisme allemand dans celle de ses différents prophètes »), il prend pour titre *L'Idéologie allemande,* le terme d'idéologie étant simplement conçu dans le sens de système dominant des idées (notamment celles de Hegel et de Feuerbach).

Quoi qu'il en soit, aucune solution n'apparaît pour éditer en Allemagne ces deux volumes. Bientôt Karl Marx et Friedrich Engels se consacrent comme on l'a vu à d'autres activités, comme celle de fonder en Europe et en Angleterre, à partir de Bruxelles, un réseau de « Comités de correspondance communistes ». Friedrich Engels, à ce titre, quitte en août 1846 Bruxelles pour Paris afin de renforcer la propagande communiste dans les milieux d'artisans allemands influencés par l'utopisme de W. Weitling. Karl Marx pour sa part prend connaissance, peu après sa publication en octobre 1846, d'un ouvrage du socialiste français Pierre-Joseph Proudhon *(Contradictions économiques ou Philosophie de la misère)* et en commence la critique (Lettre à Pavel Annenkov du 28 décembre 1846). Pendant l'hiver 1846/1847 il rédige (en français) une « Réponse à la Philosophie de la misère de M. Proudhon », sous-titré de *Misère de la philosophie,* qui paraît, à Paris et à Bruxelles, dans l'été 1847.

Marx avec Engels s'engage alors de plus en plus pratiquement dans l'action politique : il participe de très près à la réorganisation de la société secrète la Ligue des Justes en une Ligue des Communistes qui désormais vit en plein jour. (premier congrès en juin à Londres avec la participation d'Engels) ; il devient président de la Commune bruxelloise de la Ligue des Communistes et avec Friedrich Engels fonde la Société des ouvriers allemands de Bruxelles (août 1847).

L'Idéologie allemande, qui n'a décidément pas trouvé d'éditeur, restera, à l'exception de quelques fragments épars, à l'état de manuscrit. Quelque douze ans plus tard, Karl Marx, dans la « Préface » à la *Critique de l'économie politique* (1859), dans un passage qui constitue une véritable autobiographie intellectuelle, fait mention de cet épisode : « Et quand, au printemps de 1845, il [Engels] vint lui aussi s'établir à Bruxelles, nous résolûmes de travailler en commun à dégager l'antagonisme existant entre notre manière de voir et la conception idéologique de la philosophie allemande ; en fait, de régler nos comptes avec notre conscience philosophique d'autrefois. Ce dessein fut réalisé sous la forme d'une critique de la philosophie post-hégélienne. Le manuscrit, deux forts volumes in-octavo, était depuis longtemps entre les mains de l'éditeur en Westphalie, lorsque nous apprîmes que des circonstances nouvelles n'en permettaient plus l'impression. Nous abandonnâmes d'autant plus volontiers le manuscrit à la critique rongeuse des souris que nous avions atteint notre but principal, voir clair en nous-mêmes. »

☐ 3. L'ITINÉRAIRE DE MARX

Quand Marx se met à la rédaction de *L'Idéologie allemande* (septembre 1845-mai 1846), cela fait déjà cinq ans qu'il a quitté l'université.

Après des études à Bonn (1835-1836), Marx s'est inscrit à la faculté de droit de Berlin, où il décide, pour lui-même, d'unir le droit à la philosophie (« sans philosophie il était impossible d'aboutir »). Tout d'abord lecteur de Kant et de Fichte, il s'est initié à la philosophie de Hegel par la lecture de fragments dont il ne goûte pas immédiatement « la baroque et âpre mélodie ».

Poète et même dramaturge à ses heures (c'est dans le Club des Poètes de Bonn qu'il fait la connaissance par exemple de Karl Grün – le « socialiste vrai » vertement critiqué dans *L'Idéologie allemande*), il devient hégélien à la fin de l'année 1837 (« J'avais appris à connaître Hegel d'un bout à l'autre, ainsi que la plupart de ses disciples »). A Berlin, sa fréquentation du Doktor Club (1837-1841) lui fait connaître les « jeunes hégéliens » qu'il rencontre notamment au Café Stehely de la place de l'Académie. Bien que plus jeune qu'eux d'une dizaine d'années, il devient l'ami de quelques-uns comme Adolf Rutenberg (1808-1869) qui sera un temps rédacteur de la *Gazette rhénane,* Bruno Bauer (1809-1882) et Friedrich Köppen (1808-1863). Marx a alors le projet (1838-1839) d'une revue de philosophie.

On sait qu'autour de Hegel, vers la fin de sa vie, s'était constituée une « école hégélienne » vite marquée par des dissensions internes (portant sur le problème religieux), mais disposant d'un moyen d'expression propre, les *Annales de critique scientifique,* fondées par l'ami et le disciple préféré Eduard Gans

(1798-1839). Cependant celui-ci ne survécut que huit ans à son maître et l'école se divisa rapidement en une « droite » et une « gauche » (et même un centre) sans pourtant que la ligne de démarcation fût toujours bien nette, ou la même selon qu'il s'agissait de religion ou de politique. Les « hégéliens de droite », qui continuaient la spéculation philosophique, se voulaient fidèles tout à la fois à l'esprit et à la lettre de la doctrine. Mais – pour ce qui concerne la religion – ils en accentuaient l'orthodoxie chrétienne et – pour ce qui concerne la politique – justifiaient le régime conservateur en place. Telle est la démarche du plus typique d'entre eux, Georg Gabler (1786-1853), qui avait été l'élève de Hegel à Iéna à l'époque de la *Phénoménologie de l'esprit.* Avec l'appui du ministre de l'Instruction publique et des Cultes, voyant en l'hégélianisme un solide soutien de la monarchie prussienne, il obtient en 1834 la propre chaire de Hegel à l'université de Berlin. Réfutant les accusations d'irréligiosité portées contre Hegel, il soutient qu'en leur essence philosophie hégélienne et religion chrétienne s'accordent. Herman Hinrichs (1794-1861), Karl Goschel (1784-1862) participent à ce mouvement.

Les représentants de l'aile gauche hégélienne, les « jeunes-hégéliens », David Strauss (1808-1894), Bruno Bauer (1809-1882) et son frère Edgar (1820-1886), Arnold Ruge (1802-1880), Ludwig Feuerbach (1804-1872), s'efforçaient au contraire dans leurs travaux de tirer de la philosophie hégélienne des conclusions radicales. Ils critiquaient les dogmes chrétiens et la religion dans son ensemble, en rejetant l'interprétation conservatrice et religieuse de cette philosophie. David Strauss, théologien et historien des religions à l'université de Tübingen, fut le premier à le faire dans son ouvrage en deux volumes *La Vie de Jésus* (paru en 1835-1836). Excluant tout surnaturel il interprète les récits du Nouveau Testament comme un ensemble de mythes, invention collective formant la synthèse d'une tradition et d'une idée.

A son opposé, Bruno Bauer, dans sa *Critique de l'histoire évangélique de Saint Jean* (1840) et sa *Critique de l'histoire évangélique des Synoptiques* (1841-1842), dénie toute réalité historique aux faits rapportés par les Évangiles, considérés comme le produit d'une création consciente de leurs auteurs, marquant un moment dans l'évolution de la conscience universelle, degré qui devait être dépassé par l'humanité au cours de son évolution ultérieure et du perfectionnement de la conscience. Dans sa critique de la religion et des Évangiles, Bruno Bauer allait plus loin que David Strauss. Il mettait en doute non seulement le caractère divin, mais l'existence même de Jésus-Christ et rattachait l'origine de la chrétienté à la vie spirituelle et aux courants philosophiques de l'Antiquité.

La querelle, théologique par sa forme, des jeunes-hégéliens contre les défenseurs orthodoxes de la religion, avait en réalité un net contenu politique : nier la religion en tant que révélation divine, déclarer qu'elle était le produit du développement de l'esprit humain, saper l'un des plus importants piliers du régime absolutiste. Dans la critique de la religion s'esquissait une critique de la politique. Au début de 1839, Marx commence à préparer sa thèse en se plongeant dans l'étude de l'histoire de la pensée philosophique dans l'Antiquité : l'école d'Épicure, le stoïcisme et le scepticisme. Il remplit à cet effet sept cahiers de notes et d'études préliminaires, avant de rédiger sa *Dissertation* sur *« La différence entre la philosophie de la nature de Démocrite et celle d'Épicure ».* Achevée au printemps 1841, il refuse de la présenter à l'université de Berlin et l'adresse (6 avril 1841), sous forme manuscrite, à l'université de Iéna qui lui donne le grade de docteur (15 avril 1841).

Sa *Dissertation,* que nous ne connaissons aujourd'hui que par un texte incomplet, est relativement technique : elle repère, malgré les ressemblances apparentes ce qui fait réellement les différences profondes entre ces deux philosophes, aussi bien dans l'ordre de leur conception de la nature qu'en ce qui concerne les questions de la déclinaison et de la qualité des atomes ou encore pour ce qui est de la notion du temps. Mais au-delà de l'aspect strictement « scolaire » du travail, Marx opère une mise à distance de Hegel, par le choix même du sujet. Si Hegel nourrit des préventions à l'égard de l'atomisme de l'Antiquité, Marx, au contraire, voit en ces systèmes la clef de « l'histoire authentique de la philosophie grecque ».

Marx y affirme à plusieurs reprises aussi son athéisme, par la sympathie même qu'il manifeste à l'égard d'Épicure : « Aussi longtemps qu'une goutte de sang battra dans le cœur de la philosophie, elle s'écriera avec Épicure à l'adresse de ses adversaires : "Impie n'est pas celui qui fait place nette des dieux du vulgaire, mais celui qui prête aux dieux les idées du vulgaire". »

Marx, après l'obtention de son grade de docteur, pense pouvoir se consacrer à l'enseignement, sans doute d'abord comme privat-docent, puis plus tard peut-être comme professeur. Mais c'est alors qu'intervient (mars 1842) sous l'accusation d'athéisme la révocation officielle de Bruno Bauer, lui-même jeune privat-docent en théologie à l'université de Bonn.

Cette mesure qui frappe Bruno Bauer frappe les « jeunes-hégéliens » en général, et touche aussi Marx en particulier. Les nombreux projets que Karl Marx avait mûris pendant les derniers mois de son séjour à Berlin étaient tous étroitement liés à Bruno Bauer : publier ensemble avec la participation de Feuerbach des *Archives de l'athéisme,* conduire ensemble la lutte contre les adversaires de l'hégélianisme, enseigner ensemble à l'université de Bonn. Dès lors la mesure d'interdiction prise à l'encontre de Bruno Bauer est un des éléments qui conduit Marx à abandonner la perspective initiale d'être lui aussi un enseignant.

On sait que tout d'abord journaliste puis rapidement rédacteur en chef de la *Gazette rhénane,* Marx est alors placé « dans l'obligation embarrassante [de dire son mot] sur ce qu'on appelle les intérêts matériels ». Il est amené à s'intéresser aux questions économiques. Comme le rappellera bien plus tard Engels : « J'ai toujours entendu dire à Marx que c'est précisément en s'occupant de la législation sur les vols de bois et de la situation des paysans de la Moselle qu'il s'est vu renvoyé de la politique pure aux relations économiques et qu'il est venu au socialisme. »

Dès lors, en quelques mois, Marx procède à une série de réévaluations : une réévaluation de l'hégélianisme, une réévaluation de Feuerbach et une réévaluation du communisme.

☐ 4. RÉÉVALUATION DE HEGEL

Hegel meurt en 1831. L'enfant Marx a alors treize ans. Mais lorsque devenu un homme jeune il aborde à Berlin la philosophie, après avoir tâté du droit à Bonn, Karl Marx rencontre inévitablement Hegel, tout au moins sa philosophie qui est vite devenue, grâce aux bons soins d'Altenstein, le ministre de l'Instruction publique et des Cultes de Prusse, une sorte de « philosophie d'État ».

Sa première lecture de Hegel le déçoit : « J'avais lu, dit-il dans une lettre de 1837 à son père, des fragments de la philosophie de Hegel, mais je ne trouvais point de charme à ce baroque chant de sirènes », mais peu après partant de Kant et de Fichte il apprend « à connaître Hegel d'un bout à l'autre, ainsi que la plupart de ses disciples ».

Sa *Dissertation* rédigée pour son doctorat en 1841 *(Différence de la philosophie de la nature chez Démocrite et Épicure)* porte la marque de l'hégélianisme, tout en s'en différenciant par la sympathie préalable portée à Épicure, en qui Marx « voit le philosophe éclairé, l'athée, le libérateur de l'humanité ».

Marx tout en même temps salue en Hegel un « géant de la pensée », mais remarque que l'idée qu'Hegel se faisait de ce qu'il qualifiait de spéculatif « l'empêchait de reconnaître la haute importance de ces systèmes pour l'histoire de la philosophie grecque et pour l'esprit grec en général » (« Avant-Propos »).

Mais alors que – en mars 1842 – le gouvernement prussien retire à son ami Bruno Bauer l'autorisation d'enseigner, Karl Marx voit définitivement disparaître ses chances d'accéder un jour à une chaire de philosophie de l'université de Bonn. Il se détourne alors un temps de la philosophie pour devenir journaliste (avril 1842-février 1843) et rédacteur en chef de la *Gazette rhénane* (fondée le 1er janvier 1842). Mais il revient indirectement à la philosophie par les sujets mêmes qu'il traite en tant que journaliste : les délibérations du Landtag rhénan sur les vols de bois, le morcellement de la propriété foncière, la situation des paysans de la Moselle. Ce qui lui fait évidemment rencontrer les problèmes du droit de l'État et se confronter par là à la conception hégélienne de l'État.

Déjà en mars 1842, avant de devenir journaliste à la *Gazette rhénane,* Marx qui rédige – ou projette de rédiger pour différentes revues – toute une variété d'articles annonçait à Arnold Ruge pour sa revue les *Anekdota* « une critique du droit naturel de Hegel, pour autant qu'il concerne le régime intérieur. Le fond en est la réfutation de la monarchie constitutionnelle, comme une chose bâtarde, contradictoire, et qui se condamne elle-même ». Autrement dit il s'agit dans ce projet (non publié) d'une critique de Hegel en ce qu'il fait l'apologie de la monarchie constitutionnelle.

Mais après l'expérience de la *Rheinische Zeitung* d'où Marx démissionne en mars 1843 – sachant la revue interdite par décision du gouvernement prussien – le projet d'une « révision critique » de la *Philosophie du droit* de Hegel prend de l'ampleur. Installé après son mariage avec Jenny von Westphalen dans son « cabinet d'études » à Kreuznach Marx – comme en témoigne ses « cahiers d'études » – tout en même temps qu'il étudie l'histoire de la Révolution française, lit Rousseau, Montesquieu, Machiavel – rédige une *Critique du droit politique hégélien,* dont seule paraîtra dans le numéro double (et unique) des *Annales franco-allemandes* de février 1844 l'« Introduction » (sous le titre de « Introduction », *Contribution à la critique de la philosophie du droit de Hegel*).

Le projet de publier ce « manuscrit de 1843 » sera reporté par Marx lui-même, puis finalement sera abandonné tandis qu'en collaboration avec Engels paraît *La Sainte Famille* et que se rédige (sans non plus devoir paraître) *L'Idéologie allemande.* Le texte demeuré inédit ne sera enfin publié qu'en 1927.

La *Critique du droit politique hégélien* témoigne de la lecture critique à laquelle se livre Karl Marx des *Principes de la philosophie du droit* de Hegel et plus particulièrement de la dernière partie de cet ouvrage, des paragraphes 261 à 313.

Hegel, dans ce livre conçu comme prolongement de son *Encyclopédie des sciences philosophiques* (1re édition 1817) décompose le droit en trois moments : le Droit abstrait, la Moralité subjective et la Moralité objective. Cette troisième partie se subdivise elle-même en trois figures : la Famille, la Société civile, l'État.

C'est essentiellement cette ultime partie qui fait l'objet de l'intervention de Marx. Il fournit une sorte de commentaire, paragraphe après paragraphe, du texte de Hegel – à la fois comme élucidation du sens interne (que Marx annonce par une expression du type « Traduisons maintenant en clair tout ce paragraphe ») et comme critique de la méthode générale de Hegel.

Ce n'est pas, pense alors Marx, la volonté des hommes qui donne à l'État sa structure, mais l'état objectif des rapports entre eux. Ce n'est pas l'armature juridique qui explique la société civile, ainsi que l'affirmait Hegel ; elle n'est qu'une « superstructure » et la société civile (entendue au sens de société bourgeoise) trouve en réalité son explication dans les rapports de propriété.

En faisant quelques années plus tard la synthèse des résultats auxquels il est parvenu à cette époque, Marx déclare dans la « Préface » à la *Contribution à la critique de l'économie politique* (1859) : « Mes recherches aboutissent à ce résultat que les rapports juridiques – ainsi que les formes de l'État – ne peuvent être compris ni par eux-mêmes, ni par une prétendue évolution générale de l'esprit humain, mais qu'ils prennent au contraire leurs racines dans les conditions d'existence matérielle dont Hegel, à l'exemple des Anglais et des Français du XVIIIe siècle, comprend l'ensemble sous le nom de "société civile" et que l'anatomie de la société civile doit être cherchée à son tour dans l'économie politique. »

Ce qui s'exprime directement dans *L'Idéologie allemande* avec la définition de la société civile : « La société civile embrasse l'ensemble des rapports matériels des individus à l'intérieur d'un stade de développement déterminé des forces productives » et dans le rapport qu'elle entretient avec l'État : « La société civile en tant que telle ne se développe qu'avec la bourgeoisie [...] (elle) forme la base de l'État et du reste de la superstructure idéaliste. »

La réévaluation de Hegel se poursuit en 1843/1844, dans la période où Marx est installé à Paris, et comme en témoigne les *Manuscrits de 1844* et plus particulièrement un long fragment du troisième manuscrit intitulé « Critique de la dialectique de Hegel et de sa philosophie en général ». L'approche critique de Hegel se fait à l'aide de Feuerbach (« Feuerbach est le seul qui ait eu une attitude *sérieuse, critique,* envers la dialectique hégélienne et qui ait fait de véritables découvertes en ce domaine ; il est en somme le vrai vainqueur de l'ancienne philosophie »), et passe pour l'essentiel par une lecture de la *Phénoménologie de l'esprit* (« Il faut commencer par la *Phénoménologie,* source véritable et secret de la philosophie de Hegel »).

Marx dénonce les illusions de la spéculation (qui croit « dépasser » l'objet, mais en réalité le laisse intact) et stigmatise la pensée hégélienne comme abstraite et formelle, comme « mouvement circulaire pur, incessant, en soi-même ». Chez Hegel, note Marx, « l'homme réel et la nature réelle deviennent de simples prédicats, des symboles de cet homme irréel caché et de cette nature irréelle » que constitue « le sujet qui se connaît lui-même comme la conscience de soi absolue » et qui prend indifféremment le nom de *Dieu, d'Esprit absolu, d'Idée qui se connaît et se manifeste.* « Sujet et prédicat, dit encore Marx, sont donc dans un rapport d'inversion absolue à l'égard l'un de l'autre. »

Cette conception – qui fait de l'Idée « l'élément qui domine dans l'histoire » – est celle de la philosophie spéculative hégélienne que Marx dénonce à nouveau dans *L'Idéologie allemande :* « La philosophie de l'histoire de Hegel est la dernière expression conséquente, poussée à "sa plus pure expression", de toute cette façon qu'ont les Allemands d'écrire l'histoire et dans laquelle il ne s'agit pas d'intérêts réels, pas même d'intérêts politiques, mais d'idées pures. »

– Comme il l'avait fait dans *La Sainte Famille :* « La conception *hégélienne* de l'histoire suppose un *Esprit abstrait* ou *absolu,* qui se développe de telle façon que l'humanité n'est qu'une *Masse* lui servant de support plus ou moins conscient.

Dans le cadre de l'histoire *empirique,* exotérique, Hegel fait donc se dérouler une histoire *spéculative,* ésotérique. L'histoire de l'humanité se métamorphose en histoire de l'*Esprit abstrait* de l'humanité, d'un Esprit par conséquent *transcendant* à l'homme réel. »

Mais si on trouve dans une partie des *Manuscrits de 1844* une critique de la *Phénoménologie de l'esprit,* on y trouve surtout les matériaux de cette critique dans une démarche tout à fait comparable à celle qui opère dans le manuscrit de 1843 *(Critique du droit politique hégélien)* où, comme on l'a vu, Marx commente paragraphe par paragraphe la dernière partie de la *Philosophie du droit* de Hegel. En effet dans les *Manuscrits de 1844* il reprend expressément la table des matières de la *Phénoménologie,* reproduit un passage du chapitre intitulé : « Le Savoir absolu » ou cite l'enchaînement des concepts tel qu'il résulte de la division et du plan de l'*Encyclopédie,* en donnant souvent à son propre commentaire (notamment sur la notion *d'aliénation*) un tour elliptique, qui s'explique pour une part par l'état d'inachèvement du manuscrit. Au contraire dans *La Sainte Famille,* dont le texte fut pour de bon publié, la critique de la *Phénoménologie* prend la forme d'une longue et claire dénonciation organisée : « Dans la *Phénoménologie* de Hegel, les bases matérielles, sensibles, objectives des différentes formes aliénées de la conscience de soi humaine sont laissées debout, et toute cette œuvre destructrice a abouti à la philosophie la plus conservatrice qui soit, parce qu'elle se figure en avoir fini avec le monde objectif, le monde de la réalité sensible, dès qu'elle l'a métamorphosé en un « objet de pensée », en une simple détermination de la conscience de soi, et peut donc résoudre aussi dans « l'éther de la pensée pure » l'adversaire devenu éthéré. C'est pourquoi la *Phénoménologie* aboutit logiquement à mettre à la place de toute réalité humaine le « savoir absolu » : « savoir », parce que c'est là l'unique mode d'existence de la conscience de soi et que la conscience de soi est considérée comme l'unique mode d'existence de l'homme, – ce savoir est absolu, parce que précisément la conscience de soi ne sait rien qu'elle-même et n'est plus gênée par quelque monde objectif que ce soit. Hegel fait de l'homme *l'homme de la conscience de soi,* au lieu de faire de la conscience de soi *la conscience de soi de l'homme,* de l'homme réel et par conséquent vivant dans un monde objectif réel, et conditionné par lui. Il met le monde la tête en bas et peut par conséquent abolir aussi dans sa tête toutes les limites, opération qui les laisse subsister naturellement pour la méchante nature sensible, pour l'homme réel. En outre, il considère nécessairement comme limite tout ce qui trahit les bornes de la conscience de soi universelle, c'est-à-dire toute nature sensible, réalité, individualité des hommes ainsi que de leur monde. Toute la *Phénoménologie* entend démontrer que la conscience de soi est la seule réalité, et toute la réalité. »

Mais en même temps dans le manuscrit de 1844, Marx montre « la grandeur de la *Phénoménologie* de Hegel et de son résultat final – la dialectique de la négativité comme principe moteur et créateur » : « Hegel saisit la production de l'homme par lui-même comme un processus, l'objectivation comme désobjectivation, comme aliénation et suppression de cette aliénation. [Hegel] saisit l'essence du travail et conçoit l'homme objectif, véritable parce que réel, comme le résultat de son propre travail. Le rapport réel actif de l'homme à lui-même en tant qu'être générique (...) n'est possible que parce que l'homme extériorise réellement par la création toutes ses forces génériques – ce qui ne peut à son tour être que par le fait de l'action d'ensemble des hommes, comme résultat de l'histoire. »

Ambivalence donc de l'attitude de Marx à l'égard de Hegel et qui tient pour sa plus large part à l'ambivalence même de Hegel.

Ce contre quoi porte sans ambivalence la critique de Marx ce sont les divers disciples de Hegel, connus en bloc pour ceux qui étaient de « gauche » sous le nom de jeunes-hégéliens. Marx a été un des leurs alors qu'il était à Berlin membre du Doktor Club. C'est dans leur revue *(Athenaüm)* qu'il publie en 1841 son premier texte : *Les Chants sauvages.* C'est avec Bruno Bauer (1809-1882) qu'il projette un moment (1841) de publier, sous forme de revue, *Archives de l'athéisme* et qu'il contribue à la rédaction du pamphlet « La Trompette du Jugement dernier sur Hegel » (1841). C'est auprès de la revue *Anekdota,* dirigée par Arnold Ruge (1802-1880) que Marx publie plusieurs articles en 1842, et c'est avec Ruge également qu'il construit en 1843 le projet des *Annales franco-allemandes* – dont le premier (mais unique) numéro paraîtra à Paris fin février 1844. Mais l'histoire de Marx dans ces quelques années (1841-1845) c'est aussi le glissement progressif vers les ruptures avec chacun des représentants de ce courant relativement disparate des jeunes-hégéliens.

Rupture polémique dont témoigne *La Sainte Famille* (1844) sous-titrée « Critique de la critique critique, contre Bruno Bauer et consorts », c'est-à-dire contre les frères Bauer, à la fois Bruno Bauer, mais aussi ses deux autres jeunes frères Edgar et Egbert. Rupture avec les Bauer que l'on voit déjà amorcée dans le manuscrit de la *Critique du droit politique hégélien* (1843) par le rejet du terme « conscience de soi », et dans *La Question juive* (1844). Rupture avec Max Stirner (1806-1856) dont il est question, tout au long de *L'Idéologie allemande,* où Max Stirner devient Saint Max (alors que Bruno Bauer a le sobriquet de Saint Bruno), et où la litanie des termes de « fantômes », « liens », « être suprême », « concept », « scrupules », renvoie aux tics d'écriture de *L'Unique et sa propriété* (1844).

Enfin rupture avec Ludwig Feuerbach, argumentée en détail dans *L'Idéologie allemande* et plus particulièrement dans la première partie (rappelons que « Feuerbach » est justement le sous-titre de la première partie du livre). Rupture intellectuelle irrémédiable au moment où Engels et Marx articulent histoire et matérialisme, mais critique exprimée, sans l'ironie moqueuse qui habituellement accable de la kyrielle de ses quolibets dérisoires les jeunes-hégéliens : « Dans la mesure où il est matérialiste, Feuerbach ne fait jamais intervenir l'histoire, et dans la mesure où il fait entrer l'histoire en ligne de compte, il n'est pas matérialiste. » Ce qui conduit Marx, notamment dans ce cahier d'études où sont jetées les remarques « à l'adresse de Feuerbach » *(Thèses sur Feuerbach)* à marquer positivement le travail accompli par Ludwig Feuerbach : « Le plus haut point auquel arrive le matérialisme intuitif... » (Thèse 9) ou encore : « Feuerbach que ne satisfait pas la pensée abstraite... » (Thèse 5).

C'est que les jeunes-hégéliens pris séparément, ou même considérés tous ensemble, ne sont que des nains par rapport au grandiose Hegel, ce que montre à loisir Friedrich Engels dans un compte rendu de la *Contribution à la critique de l'économie politique :* « Ce qui distinguait le mode de pensée de Hegel de celui de tous les autres philosophes, c'était l'énorme sens historique qui en constituait la base. [...] Ce qui distinguait Hegel de ses disciples, c'est que loin de se targuer comme eux d'être ignorant, il était un des esprits les plus savants de tous les temps. Il fut le premier à essayer de montrer qu'il y a dans l'histoire un développement, une cohérence interne, et si étrange que puisse nous paraître à présent mainte chose dans sa *Philosophie de l'histoire,* le caractère grandiose de la conception fondamentale elle-même est aujourd'hui encore admirable quand on lui compare ses prédécesseurs ou même ceux qui après lui se sont permis des réflexions générales sur l'histoire. »

La réévaluation de Hegel par Marx, c'est donc la critique sans relâche de la philosophie spéculative en tant que telle et de ses conséquences (comme on l'a déjà plusieurs fois indiqué mais comme on le voit aussi sur un mode moqueur dans *La Sainte Famille* à propos de la très longue tirade sur le Fruit, avec un grand « F » qu'on ne signale ici que par une seule phrase... : « Ma raison spéculative voit dans la pomme la même chose que dans la poire et dans la poire la même chose que dans l'amande, c'est-à-dire "Le Fruit". Les fruits réels particuliers n'ont plus que la valeur de fruits apparents, dont l'essence vraie est "la substance", "Le Fruit". »

Mais c'est aussi son évaluation à sa juste valeur, qui est fort grande, et qu'avec le recul du temps Marx n'hésite pas à magnifier, comme il en témoigne, presque trente ans plus tard dans la « Postface » à la deuxième édition allemande du *Capital* (1873) : « J'ai critiqué le côté mystificateur de la dialectique hégélienne il y a près de trente ans, à une époque où elle était encore à la mode. Mais au moment même où je rédigeais le premier volume du *Capital* les épigones grincheux, prétentieux et médiocres qui font aujourd'hui la loi dans l'Allemagne cultivée se complaisaient à traiter Hegel comme le brave Moses Mendelssohn avait du temps de Lessing, traité Spinoza, c'est-à-dire en "chien crevé". Aussi me déclarai-je ouvertement disciple de ce grand penseur et même dans le chapitre sur la théorie de la valeur, j'eus la coquetterie de reprendre ici et là sa manière spécifique de s'exprimer. La mystification que la dialectique subit entre les mains de Hegel n'empêche aucunement qu'il ait été le premier à en exposer les formes générales de mouvement de façon globale et consciente. » Et même lit-on, sous la plume de Engels dans son *Ludwig Feuerbach,* une appréciation que seule une approche affadie du marxisme pourrait faire passer comme exorbitante : « La véritable signification et le caractère révolutionnaire de la philosophie hégélienne (à laquelle nous nous bornerons ici, car elle constitue la conclusion de tout le mouvement depuis Kant) c'est précisément qu'elle donne le coup de grâce au caractère définitif de tous les résultats de la pensée et de l'activité humaines. [...] La vérité résidait désormais dans le processus même de la connaissance. »

Dans l'histoire du marxisme, la réévaluation de l'hégélianisme opérée par Karl Marx c'est donc à la fois la dénonciation de la dimension spéculative de la philosophie de Hegel (dire « philosophie spéculative » ou « hégélianisme », c'est dire la même chose) et la reprise de la méthode (conçue comme dialectique).

Selon les circonstances et la nécessité des étapes de la réévaluation, l'accent est mis tantôt sur la dénonciation (cf. *L'Idéologie allemande :* « Dès lors qu'est exposée la réalité, la philosophie cesse d'avoir un milieu où elle existe de façon autonome »), tantôt sur la sauvergarde de la méthode.

L'apologie de la dialectique de Hegel se lit déjà dans les *Manuscrits de 1844 :* « La grandeur de la *Phénoménologie* de Hegel et de son résultat final – la dialectique de la négativité comme principe moteur et créateur – consiste donc [...] en ceci, que Hegel saisit la production de l'homme par lui-même comme un processus. »

Et l'image est répétitive du renversement (« Ma méthode dialectique, non seulement diffère par la base de la méthode hégélienne, mais elle en est même l'exact opposé. Chez lui elle est sur la tête ») et même du retournement : « Il faut retourner [la dialectique hégélienne] pour découvrir le noyau rationnel sous la pelure mystique. » *(Le Capital.* Postface de la seconde édition allemande.*)*

☐ 5. RÉÉVALUATION DE FEUERBACH

On sait en quels termes Friedrich Engels dans son « Avant-Propos » à *Ludwig Feuerbach et la fin de la philosophie classique allemande*[4] quelque quarante années après la non-publication de *L'Idéologie allemande* célèbre encore Feuerbach : « Il m'apparut que nous avions encore à acquitter une dette d'honneur en reconnaissant pleinement l'influence que, pendant notre période d'effervescence, plus que tout autre philosophe post-hégélien, Feuerbach exerça sur nous. »

Cet enthousiasme en faveur de Feuerbach apparaît, aussi, clairement dans ce texte, où Marx joue sur le jeu de mots rendu possible par le nom même de Feuerbach : « Je vous conseille, à vous, théologiens et philosophes spéculatifs, de vous débarrasser des concepts et des préjugés de la vieille philosophie spéculative si vous voulez atteindre les choses telles qu'elles sont en réalité, c'est-à-dire la vérité. Et il n'est point pour vous d'autres chemins vers la vérité et la liberté que ce Fleuve de feu, Feuerbach est le purgatoire de notre temps. » Et pourtant plusieurs passages de la première partie du tome 1 de *L'Idéologie allemande* (consacrée expressément à Feuerbach, comme la seconde partie est consacrée à Bruno Bauer, la troisième partie à Max Stirner) visent à montrer le caractère borné de la pensée de Ludwig Feuerbach. C'est que *L'Idéologie allemande* ainsi que les « Thèses sur Feuerbach » sont le moment et le lieu de la réévaluation de Feuerbach pour Marx et Engels.

Vers 1843, proche de la quarantaine et vivant éloigné de l'université depuis quelques années (1836) dans une sorte de confortable semi-retraite campagnarde, Ludwig Feuerbach est cependant une figure du milieu philosophique. Disciple, un peu comme tout le monde, de Hegel (pendant les années 1824-1826) puis assistant à l'université d'Erlangen, ses *Pensées sur la mort et sur l'immortalité* (1830) – bien que parues sans nom d'auteur – lui ont valu d'être sanctionné et de n'obtenir jamais la chaire d'enseignement de philosophie un moment espérée. Mais elles lui ont aussi donné une relative notoriété parmi le cercle des « jeunes-hégéliens » dont il fait partie avec Arnold Ruge, Bruno et Edgard Bauer, Max Stirner. Et surtout son maître-ouvrage *L'Essence du christianisme* (1841), reconnu comme charte de l'humanisme athée, vient de connaître déjà une première réédition (1842), tandis que coup sur coup les *Thèses provisoires en vue de la réforme de la philosophie* paraissent (février 1843) dans les *Anekdota* d'Arnold Ruge et que les *Principes de la philosophie de l'avenir* sont publiés en juillet 1843.

Karl Marx, de seize ans son cadet, ainsi que Friedrich Engels, sont par rapport à lui, et par rapport aux « jeunes-hégéliens », d'une autre génération.

---

4. *Ludwig Feuerbach et la fin de la philosophie classique allemande* paraît d'abord dans la revue théorique de la social-démocratie allemande *Neue Zeit* en 1886 (fascicules 4 et 5) puis est édité sous forme de livre en 1888.
Il s'agit initialement de la recension et de la critique d'un livre rédigé par Carl Nicolaï Starcke, philosophe et sociologue danois, sur *Ludwig Feuerbach,* Stuttgart : F. Encke, 1885.
Le livre d'Engels est traduit en russe par Plekhanov (1892) et en français par Paul Lafargue (1894).

Mais incontestablement Ludwig Feuerbach est leur maître. D'autant que, pendant un temps, tout au moins, ils vont reconnaître en lui « celui qui a mis en pièce la spéculation hégélienne[5] ».

La période proprement « hégélienne » de Feuerbach[6] (années 1828-1838) en effet avait cessé avec le long article *Contribution à la critique de la philosophie de Hegel* (1839) qui passait au crible et mettait en cause la démarche de Hegel dans la *Philosophie de la Nature.* Au lieu de partir de l'Esprit, incapable de se confronter réellement à la Nature, il faut partir de la Nature. « La Philosophie, dit Feuerbach, est la science de la réalité dans sa vérité et sa totalité ; mais l'essence de la réalité est la nature. Les secrets les plus profonds habitent les choses naturelles les plus simples : le spéculatif chimérique, soupirant après l'au-delà, les foule aux pieds[7]. »

On comprend l'admiration de Marx et d'Engels, telle qu'elle s'exprime encore dans les *Manuscrits de 1844 :* « C'est seulement de Feuerbach que date la critique humaniste et naturaliste positive. Moins il est tapageur, plus l'effet des œuvres de Feuerbach est sûr, profond, ample et durable, et ce sont, depuis la *Phénoménologie* et *La Logique* de Hegel, les seuls écrits où soit contenue une révolution théorique réelle[8]. » Il est crédité d'avoir « renversé radicalement la vieille dialectique et la vieille philosophie ». Feuerbach, écrit Marx, qui cite à l'occasion *Les Principes de la philosophie de l'avenir,* est le seul qui ait eu une attitude sérieuse, critique, envers la dialectique hégélienne. « La grande action de Feuerbach est : 1° d'avoir démontré que la philosophie n'est rien d'autre que la religion mise sous forme d'idées et développée par la pensée ; qu'elle n'est qu'une autre forme et un autre mode d'existence de l'aliénation de l'homme ; donc qu'elle est tout aussi condamnable ; 2° d'avoir fondé le vrai matérialisme et la science réelle en faisant également du rapport social "de l'homme à l'homme" le principe de base de la théorie. »

Aussi bien est-il défendu par Marx, et y compris jusqu'à *La Sainte Famille* (1845) contre les attaques de la Critique critique – autrement dit face à différents articles de Bruno Bauer rédigés de 1842 à 1844. Cependant Marx ne s'arrête pas là. Il juge déjà dans la *Contribution à la critique de la philosophie du droit de Hegel* (écrite fin 1843, début 1844) que « En ce qui concerne l'Allemagne la critique de la religion est pour l'essentiel terminée » et qu'il convient maintenant de démasquer l'auto-aliénation de l'homme dans ses formes non sacrées. « La critique du ciel se transforme par là en critique de la terre, la critique de la religion en critique du droit, la critique de la théologie en critique de la politique. »

La critique du droit ici annoncée, c'est la *Critique du droit politique hégélien* que Marx rédige cette même année 1843 (mais sans que le manuscrit en soit édité[9]). Et bien que formellement non inscrite à ce programme, ce que Marx entreprend alors avec Engels, c'est la critique de « la conception idéologique de la philosophie allemande ».

---

5. Cf. Friedrich Engels dans la Préface à la *Situation de la classe laborieuse en Angleterre* (1845) : « Des partisans avoués de ces réformes du moins, il n'en est presque aucun qui soit venu au communisme autrement que par la philosophie de Feuerbach, qui a mis en pièce la spéculation hégélienne. »
6. Cette périodicisation est proposée par Henri Arvon *Feuerbach. Sa vie, son œuvre, avec un exposé de sa philosophie,* Paris, P.U.F., 1964, p. 48.
7. *Contribution à la critique de la philosophie de Hegel* cité in *Ludwig Feuerbach. Manifestes philosophiques,* Textes choisis (1839-1845) et traduits par L. Althusser, Paris, P.U.F., Collection Épiméthée, 1960, p. 56.
8. Karl Marx. Préface aux *Manuscrits de 1844.* Éd. Sociales, 1972, p. 3.
9. *La critique du droit politique hégélien* a été éditée pour la première fois en 1927, à l'initiative de Riazanov par l'Institut Marx-Engels de Moscou.

Cette évaluation se fait au moins en deux moments. Tout d'abord par la rédaction (fin 1844) et la publication (1845) de *La Sainte Famille* dont le sous-titre est explicite : « Critique de la Critique critique. Contre Bruno Bauer et consorts. » Marx avait prévenu Ludwig Feuerbach de ce projet : « Je vais faire paraître une petite brochure contre ce fourvoiement de la critique. Il me serait extrêmement précieux d'avoir auparavant votre opinion » (lettre de Marx à Feuerbach, 11 août 1844). Mais dans cet ouvrage, à plusieurs reprises le nom de Feuerbach est cité très élogieusement et son rôle initiateur caractérisé : « Feuerbach, le premier, a parachevé Hegel au point de vue hégélien en résolvant l'esprit absolu métaphysique en "l'homme réel sur la base de la nature" ; le premier il a achevé *La Critique de la religion* en esquissant en même temps de main de maître les grands principes de la critique de la spéculation hégélienne et, par suite, de toute métaphysique. » *(La Sainte Famille,* Éditions Sociales, p. 167.)

Le second moment, c'est la rédaction autour du printemps 1845 des onze « thèses » « à l'adresse de Feuerbach », rédigées par Marx, « simples notes jetées rapidement sur la papier pour être élaborées par la suite, nullement destinées à l'impression, mais d'une valeur inappréciable, comme premier document où soit déposé le germe génial de la nouvelle conception du monde[10] » et qui constituent comme une étape intermédiaire mais décisive avant la rédaction proprement dite de *L'Idéologie allemande* (septembre 1845-mai 1846).

Dès lors, pour Marx et Engels, il est possible d'aller plus loin. Évidemment – et c'est un premier point d'acquis – Feuerbach a, selon l'expression même de Marx, résolu l'essence religieuse en essence humaine, autrement dit résolu le monde religieux en sa base profane.

Mais si Dieu est ramené à l'Homme, « le principal reste à faire », car l'homme dont parle Feuerbach est le plus souvent conçu avec un grand H. C'est un individu humain, pris à part, isolé, abstrait, entendu comme une réalité en soi. Or, pense Marx, il faut résoudre l'essence humaine, elle-même dans l'ensemble des rapports sociaux.

Et Feuerbach, aussi avant qu'il cherche à aller, reste cependant sur les marges de cet approfondissement.

1. Il a l'avantage sur les « matérialistes purs » de se rendre compte que l'homme n'est pas seulement une abstraction, mais aussi un « objet sensible ». Seulement comme l'indique explicitement Marx, l'homme n'est pas objet sensible mais « activité sensible ».

De là, l'impuissance de Feuerbach à saisir le monde sensible comme la somme de l'activité vivante et physique des individus qui le composent. D'où, au contraire, l'inlassable mise en avant par Marx de la notion d'activité (exprimée par les termes proches d'activité, d'activité pratique ou de pratique) et traduite parfois par le terme spécifique de praxis.

2. Il perçoit que l'homme rentre en rapport avec l'homme, mais ces rapports réciproques ne sont conçus qu'en termes de sentiments. Feuerbach ne perçoit de ces rapports de l'homme « réel, individuel, en chair et en os » avec l'homme que l'amour et l'amitié.

Or, l'essence humaine, ce n'est pas le simple rapport de l'homme avec l'homme. C'est, dans sa réalité, selon l'expression de Marx « l'ensemble des rapports sociaux ». Feuerbach qui n'entreprend pas la critique de cette essence réelle

---

10. Friedrich Engels. Préface à *Ludwig Feuerbach et la fin de la philosophie classique allemande* (1888).

« est pas conséquent contraint de faire abstraction du cours de l'histoire ». Alors que Marx, au contraire, dans *L'Idéologie allemande* va jusqu'à déclarer : « Nous ne connaissons qu'une seule science, celle de l'histoire. »

Ce qui éclaire pleinement la réévaluation de Feuerbach par Marx : Feuerbach est impuissant d'une part à aller jusqu'au bout du matérialisme ; il est impuissant d'autre part à faire intervenir l'histoire et surtout il est incapable de croiser ces deux lignes. C'est là où Feuerbach s'arrête en chemin : *« Dans la mesure où il est matérialiste, Feuerbach ne fait jamais intervenir l'histoire, et dans la mesure où il fait entrer l'histoire en ligne de compte, il n'est pas matérialiste. Chez lui, histoire et matérialisme sont complètement séparés. »* Ce qui est une manière de dire ce qui désormais est uni (histoire et matérialisme) dans la nouvelle conception du monde de Marx et d'Engels.

□ 6. RÉÉVALUATION DU COMMUNISME

Dans le corps même du texte de *L'Idéologie allemande,* Marx fait allusion au communisme supposé de Feuerbach : « Feuerbach s'abuse, dit-il, lorsque se qualifiant d'" homme communautaire " il se proclame communiste. » Son erreur consiste à faire du terme communiste une simple catégorie alors que « dans le monde actuel [ce mot] désigne l'adhérent d'un parti révolutionnaire déterminé ». Pour Marx, la question n'est plus d'ordre théorique mais pratique.

Ainsi déjà en 1845, trois ans avant la rédaction (avec Engels) du *Manifeste du parti communiste* (1848), Marx soutient l'activité d'un tel parti visant « à renverser l'ordre existant ». En 1842, au contraire, il vient semble-t-il tout juste d'entendre parler du communisme (tel qu'il est alors représenté philosophiquement en Allemagne par le groupe des « Affranchis ») et dans un de ses articles de la *Gazette rhénane* le juge de manière plutôt sévère : « La *rheinische Zeitung,* qui ne peut concéder aux idées communistes sous leur forme actuelle une réalité théorique, et encore moins, par conséquent, en souhaiter ou simplement croire possible sa réalisation pratique... » Il en parle aussi, à la même époque dans une lettre à Arnold Ruge : « J'invitai [les Affranchis] à ne pas se contenter de vagues raisonnements, de phrases pompeuses, à ne pas se montrer trop complaisants vis-à-vis d'eux-mêmes, à s'attacher à analyser exactement les situations concrètes et à faire preuve de connaissances précises. Je leur expliquai que je tenais pour déplacée, que dis-je, pour immorale, l'introduction subreptice de dogmes communistes et socialistes, donc d'une nouvelle conception de la vie, dans des comptes rendus de théâtre, etc. qui n'ont rien à voir avec elle... » (Cologne 30 novembre 1842).

C'est qu'entre 1842 et 1845 beaucoup de choses ont changé. Tant dans l'approfondissement mené par Marx que dans la réalité sociale elle-même.

L'horizon culturel de Marx lui donne d'emblée à voir une notion du communisme véhiculée par la philosophie allemande de son temps. La critique philosophique de l'Idéalisme absolu de Hegel (engagée en 1839 par Ludwig Feuerbach avec la *Contribution à la critique de la philosophie de Hegel*), redoublée par la critique religieuse (initiée en 1835 par la *Vie de Jésus* du théologien David F. Strauss, prolongée en 1841 par *L'Essence du christianisme* de Ludwig Feuerbach) aboutit au matérialisme. Dans la vision remaniée de l'Homme, que ce glissement philosophique provoque, on aboutit à l'idée de l'homme total (« L'homme comme essence de l'homme »), autrement dit de l'homme communiste, dont l'accomplissement est porté par le prolétariat. Cette orientation n'est pas seulement celle de Feuerbach. Car l'idée du communisme en Allemagne est également avancée par d'autres penseurs qui participent loin de l'Université à la « décomposition » de la philosophie hégélienne.

Tel est tout particulièrement le cas du philosophe autodidacte Moses Hess (1812-1875) avec son livre publié en 1837 à Stuttgart, *L'Histoire sacrée de l'humanité par un disciple de Spinoza* qui allie au messianisme juif aussi bien les philosophies de Spinoza et de Hegel que les doctrines sociales de Fourier et de Babeuf. Dans cet ouvrage, qui est chronologiquement un des premiers textes à exprimer la pensée socialiste en Allemagne, la future société communiste est présentée comme moyen de retrouver l'harmonie originelle des premiers temps de la société où régnait la communauté des biens. La Révolution à venir qui sera l'œuvre commune de la France (l'action) et de l'Allemagne (la pensée) réalisera, par l'extirpation de l'égoïsme, l'établissement du communisme, autrement dit, selon Moses Hess, le nouveau royaume de Dieu sur la terre.

Quelques années après, dans la *Triarchie européenne* (1841), publié anonymement, Moses Hess, mettant en avant le concept d'action, propose comme but final non pas seulement la libération religieuse et politique, mais l'affranchissement social qui cette fois doit être réalisé par l'alliance de la France (la volonté active), de l'Allemagne (l'esprit spéculatif) et de l'Angleterre (le génie pratique). Marx est un familier de Moses Hess. Ils se connaissent depuis 1841 (au moment où le succès de la *Triarchie européenne* rapproche Moses Hess du groupe des jeunes-hégéliens), se sont rencontrés à Cologne autour de la *Rheinische Zeitung* fondée en janvier 1842 (dont Moses Hess est avec Marx un des journalistes) et continuent à se voir régulièrement à Paris (1844-1845). Et c'est très vraisemblablement par les articles de Moses Hess dans la *Rheinische Zeitung* (Marx en sera le rédacteur en chef à dater d'octobre 1842) qu'il se confronte aux idées saint-simoniennes, socialistes et communistes. C'est à cette même époque d'ailleurs que Marx lit Charles Fourier, Victor Considérant, Joseph Proudhon et quitte dès lors le monde exclusif de la culture allemande pour s'initier à celui alors moins particulariste de la culture française. Lire des socialistes français, c'est pour Marx quitter le communisme dogmatique allemand et rencontrer une pensée plus ancrée dans le politique et le social.

Dans *La Sainte Famille,* rédigée fin 1844 (et publiée en février 1845), Marx fait la preuve de son assimilation des doctrines socialistes françaises. Ses références aux socialistes français de la première génération, contemporaines de la Révolution française de 1789 (Babeuf, Buonarroti, Fourier) et à ceux de la seconde génération, contemporains de la Révolution de 1830 (Cabet, Dezamy, Gay, Villegardelle) sont nombreuses. Souvent il semble les connaître par une lecture directe de leurs œuvres, ou même comme c'est le cas pour Cabet, les avoir rencontrés. Il y présente même une sorte d'esquisse de l'histoire de la philosophie[11] qui expose les rapports qui selon lui s'établissent entre le matérialisme et le communisme.

Le point de départ, dit Marx, c'est le matérialisme anglais dont l'ancêtre est Francis Bacon, avec comme continuateur Thomas Hobbes et John Locke. Puis le matérialisme devient français avec Claude Helvetius. On revient à l'Angleterre avec Jeremy Bentham qui fonde le système de l'intérêt bien compris sur la morale d'Helvetius. De là on passe à Robert Owen qui fonde le communisme anglais. Étienne Cabet, un moment exilé en Angleterre « s'inspire des idées communistes du cru », regagne la France et avec le *Voyage en Icarie* (1838) y devient le représentant le plus populaire, quoique le plus superficiel du communisme.

11. Cf. Marx, Engels, *La Sainte Famille,* Éditions Sociales p. 158.

Quant à Jules Gay (1807-1880/1890) et Théodore Dezamy, ce dernier auteur d'un *Code de la communauté* (1842), « Communistes français plus scientifiques, ils développent comme Robert Owen la doctrine du matérialisme, en tant que doctrine de l'humanisme réel et base logique du communisme ».

Mais, une fois ces remaniements intellectuels effectués, l'élément le plus important de la réévaluation du communisme par Marx réside à la fois dans le fait de quitter la sphère de la simple interprétation (qu'elle soit celle de la philosophie allemande ou du socialisme français) pour rentrer, fort de principes nouveaux, dans la pratique des « cercles » communistes et intervenir peu après, avec Friedrich Engels, et de manière décisive, pour la transformation concrète et irréversible de cette pratique.

En ce domaine on peut raisonnablement estimer que Friedrich Engels a joué un rôle initiateur. C'est au moins dès l'automne 1842 qu'il est passé aux positions du communisme philosophique, comme en témoigne le propos de Moses Hess qui, après la rencontre d'octobre 1842 à Cologne (lieu d'édition de la *Gazette rhénane*), parle de lui comme « d'un communiste ardent ». C'est justement parce qu'il apparaît lié aux « Affranchis » que Karl Marx le reçoit la première fois avec une « attitude empreinte de méfiance » (novembre 1842). C'est Engels encore qui le premier prend contact à Londres, probablement en mai 1843, avec les dirigeants de la Ligue des Justes, organisation clandestine d'ouvriers allemands émigrés qui lui proposent d'ailleurs d'adhérer (ce qui se fera ultérieurement).

C'est cette même avance de quelques semaines ou de quelques mois que l'on retrouve aussi à propos de la recherche en économie, qu'elle prenne une figure théorique (« Esquisse d'une critique de l'économie nationale » parue comme un des articles des *Annales franco-allemandes* en février 1844) ou pratique (« La Situation en Angleterre », elle aussi article des *Annales franco-allemandes* et préfiguration de l'ouvrage, *La Situation de la classe laborieuse en Angleterre*, paru en 1845).

Marx pour sa part prendra contact avec les différents représentants des courants de la classe ouvrière dans la période de son séjour en France (octobre 1843-février 1845) avec les cercles radicaux français, les démocrates et socialistes groupés autour du journal *La Réforme*, les dirigeants des communes parisiennes de la Ligue des Justes tels Hermann Ewerbeck et Friedrich Maurer qui étaient eux-mêmes en rapport avec la Société des Saisons blanquiste, ainsi qu'avec des personnalités appartenant à des groupements révolutionnaires de divers pays. Il participe ainsi, en mars 1844, au banquet démocratique international et un rapport de police le signale comme orateur dans les réunions de communistes allemands qui regroupaient cent à deux cents personnes le dimanche.

Se trouve alors posée à ce moment la question pratique de l'alliance entre la théorie et la pratique. Autrement dit d'ancrer une autre théorie (celle de Marx qui croise matérialisme et histoire) dans une organisation déjà existante (la Ligue des Justes). Certes dans les années 1845, Marx et Engels ne se désintéressent pas des questions d'organisation. Ils interviennent même déjà directement (donc bien avant la création de la Première Internationale en 1864) pour le renforcement de l'organisation des ouvriers à l'échelle des pays européens les plus avancés, en participant, dès août 1845, au projet d'une association groupant les démocrates du monde entier et surtout en créant (janvier 1846) les Comités de correspondance communistes, qui essaiment rapidement en Belgique, en France, en Angleterre, en Allemagne. Ils maintiennent dans leurs grandes lignes les traits essentiels de la Ligue des Justes conçue comme réseau de forces vives.

Mais en ce qui concerne la théorie, pour Marx et Engels, un double mouvement se dessine : dénoncer la théorie ancienne (à strictement parler l'idéologie) et imposer une nouvelle théorie. Or la Ligue des Justes est pratiquement tout entière sous le charme des idées de Wilhelm Weitling d'où la lutte sans merci, menée conjointement, contre l'emprise de son communisme égalitaire et « utopique ».

Artisan tailleur, d'origine prussienne, Wilhelm Weitling ayant eu l'occasion à Paris (1837-1841) de prendre contact avec les différents courants socialistes avait publié en 1838 un livre, *L'Humanité comme elle est et comme elle devrait être,* dans lequel mêlant une orientation communiste et évangélisante il proposait le plan d'un nouvel État communautaire. Mais c'est surtout son ouvrage qui approfondissait à peu près les mêmes thèmes, *Les Garanties de l'harmonie et de la liberté* (1842), qui l'avait rendu célèbre dans toute l'Europe tandis que l'*Évangile d'un pauvre pêcheur* (1843) lui valut en Suisse d'être condamné, élément supplémentaire de notoriété, à quelques mois de prison. Prêt à croire lui-même à la venue imminente d'un nouveau messie qui établirait la communauté des biens, Wilhelm Weitling prédisait une société future fondée sur l'amour et la fraternité entre les hommes.

Cette dénonciation de l'utopisme de Wilhelm Weitling, nous en avons témoignage par le compte rendu d'une des réunions du Comité de correspondance (30 mars 1846) effectué par l'écrivain libéral russe Pavel Annenkov où Marx et Weitling sont tous les deux présents. « S'adresser à l'ouvrier, dit Marx, sans idées rigoureusement scientifiques et sans doctrine positive, c'est jouer à la propagande, jeu aussi futile que malhonnête, qui suppose, d'une part, un prophète inspiré et de l'autre, uniquement des ânes l'écoutant bouche bée. »

Et lorsqu'à la mi-août 1846 Engels se rend à Paris, c'est sur instruction du Comité de correspondance de Bruxelles, pour s'opposer comme en témoignent les nombreuses lettres d'Engels qui ont été conservées, au communisme utopique et égalitaire de Weitling, tel qu'il est propagé dans les réunions ouvrières par Karl Grün, le représentant du « socialisme vrai », ou encore pour s'opposer aux idées de Proudhon qui ont quelque influence.

Ainsi la réévaluation du communisme est-elle en train de s'achever en 1845, à partir du moment où Marx et Engels, comme ils le font dans *L'Idéologie allemande,* le définissent ni comme un état qui doit être créé, ni comme un idéal sur lequel la réalité devra se régler, mais comme « mouvement réel qui abolit l'état actuel »; mieux encore cette réévaluation est accomplie lorsque la transformation de la Ligue des Justes en Ligue des Communistes est opérée et qu'à l'affirmation éthique « Tous les hommes sont frères » se substitue le mot d'ordre pratique « Prolétaires de tous les pays, unissez-vous ».

☐ 7. LES PRÉMISSES DE L'HISTOIRE

À plusieurs reprises dans le texte de *L'Idéologie allemande,* Engels et Marx emploient le terme de *Voraussetzung,* traduit par présupposition, prémisse, ou encore condition préalable, condition première *(erste Voraussetzung),* parfois même par base.

Une des questions initiales posées par Engels et Marx – qui affirment par ailleurs « Nous ne connaissons qu'une seule science, celle de l'histoire » – est celle des présuppositions de l'histoire : qu'est-ce qui est « au-devant » *(prae)* de l'histoire (qui en forme l'antécédent), autrement dit le *« sans quoi »* l'histoire ne se produirait pas.

Mais il y a somme toute deux manières d'aborder cette question des présuppositions.

Soit partir de dogmes, inventer des prémisses arbitraires, forger des spéculations. Soit s'en tenir simplement aux données réelles que l'on peut vérifier – l'expression est employée à plusieurs reprises – par l'observation empirique *(empirische Beobachtung).* C'est la voie matérialiste choisie par Engels et Marx : « Les prémisses dont nous partons ne sont pas des bases arbitraires, des dogmes ; ce sont des prémisses réelles dont on ne peut faire abstraction qu'en imagination. »

Il y a la nature. Et il y a les hommes. « La condition première de toute histoire humaine est tout naturellement l'existence d'êtres humains vivants. »

L'histoire de la nature et l'histoire des hommes ne sont cependant pas séparables : « Aussi longtemps qu'existent des hommes, leur histoire et celle de la nature se conditionnent réciproquement. »

a. La nature

La nature c'est « le monde extérieur sensible ». Ce sont des « conditions naturelles que les hommes ont trouvées toutes prêtes, conditions géologiques, orographiques, hydrographiques, climatiques et autres ». Conditions naturelles que l'action des hommes utilise et modifie : « Le monde sensible est la somme de l'activité vivante et physique des individus qui le composent. » Les hommes, ce sont des êtres humains vivants. Avec une complexion corporelle, une constitution physique, qui leur crée certains rapports avec le reste de la nature.

Le travail est ce par quoi s'établit le rapport des hommes à la nature. « Le travail est de prime abord un acte qui se passe entre l'homme et la nature. L'homme y joue lui-même vis-à-vis de la nature le rôle d'une puissance naturelle. Les forces dont son corps est doué, bras et jambes, tête et mains, il les met en mouvement, afin de s'assimiler des matières en leur donnant une forme utile à sa vie. En même temps qu'il agit par ce mouvement sur la nature extérieure et la modifie, il modifie sa propre nature et développe les facultés qui y sommeillent. » (*Le Capital,* Livre I, chap. 7.)

b. Des individus déterminés

Les hommes dont parlent Engels et Marx, ce ne sont pas des hommes en général réductibles à l'Homme, mais des individus déterminés *(bestimmte Individuen).* À plusieurs reprises dans *L'Idéologie allemande* ils sont désignés comme « des individus réels et vivants », des « hommes réels », des hommes « en chair et en os ».

C'est là un élément de rupture d'avec le philosophe Ludwig Feuerbach qui « dit l'Homme » au lieu de dire les hommes historiques réels.

D'emblée le pluriel s'impose : des individus et non pas l'individu (réductible lui aussi à l'Individu). Plus on remonte dans le cours de l'histoire, dit Marx, « plus l'individu, et par suite l'individu producteur lui aussi, apparaît dans un état de dépendance, membre d'un ensemble plus grand ». Et encore : toujours dans l'*Introduction* (1857) à ce qui peut être considéré comme une sorte de premier brouillon du *Capital (Grundrisse der Kritik der politischen Ökonomie) :* « L'homme est, au sens le plus littéral, un *zoon politikon,* non seulement un animal sociable, mais un animal qui ne peut se constituer comme individu singulier que dans la société. La production réalisée en dehors de la société par cet individu singulier et singularisé (...) est chose aussi absurde que le serait le développement du langage sans la présence d'individus vivant et parlant ensemble. »

Ainsi des individus, non pas d'abord séparés, sans actions les uns sur les autres (« les hommes, non pas isolés et figés de quelque manière imaginaire »), mais au contraire ensemble et menant des actions « conjuguées » et formant dès lors société (définie dans la *lettre à Annenkov* comme « produit de l'action réciproque des hommes »).

c. Une activité productrice

Ces individus déterminés ont une activité productrice *(produktive Tätigkeit)*. Ils œuvrent et produisent matériellement. Les hommes sont actifs et leur activité c'est le travail, à la fois « travail des hommes sur la nature » et « travail des hommes sur les hommes ».

Ici les termes d'action, d'activité, de pratique sont à peu près synonymes. (« Cette activité, ce travail, cette création matérielle incessante des hommes, cette production en un mot, est la base de tout le monde sensible. »)

Toujours est-il que l'activité des hommes est non seulement modificatrice du donné, plus encore elle est productrice. Et même autoproductrice.

Les hommes sont ce qu'ils sont (à savoir des hommes) parce qu'ils produisent (leurs moyens d'existence). « On peut distinguer les hommes des animaux par la conscience, par la religion et par tout ce que l'on voudra. Eux-mêmes commencent à se distinguer des animaux dès qu'ils commencent à produire leurs moyens d'existence. »

Cette place donnée à l'activité rompt également avec Ludwig Feuerbach : « Il ne parvient donc jamais, disent Engels et Marx, à saisir le monde sensible comme la somme de l'activité vivante et physique des individus qui le composent. » Ce qui reprend la première des *Thèses sur Feuerbach :* « Le principal défaut de tout matérialisme jusqu'ici (y compris celui de Feuerbach) est que l'objet extérieur, la réalité, le sensible ne sont saisis que sous la forme d'Objet ou d 'intuition, mais non en tant qu'activité humaine sensible, en tant que pratique », ou encore la cinquième thèse : « Feuerbach que ne satisfait pas la pensée abstraite en appelle à l'intuition ; mais il ne saisit pas le sensible en tant qu'activité sensible pratique de l'homme. »

L'activité productrice (déterminée) de ces individus (déterminés) doit être conçue, selon une expression de *L'Idéologie allemande* comme un rapport double : un rapport naturel (le rapport des hommes et de la nature) et un rapport social (le rapport des hommes entre eux).

☐ 8. L'HISTOIRE EN GÉNÉRAL

Ainsi : 1. la nature ; 2. des individus vivants déterminés ; 3. ayant une activité productrice ; telles sont les présuppositions matérialistes de l'histoire.

Ces présuppositions reconnues (qui sont donc les conditions de l'histoire) ne sont pas pour autant l'histoire. Cependant c'est de ces présuppositions – et d'elles seules – que procède la mise en marche de l'histoire en général (et ce à n'importe quel moment de cette histoire). C'est d'elles qu'on peut partir (« On part des individus réels et vivants eux-mêmes »).

a. Production de la vie matérielle

En effet c'est bien par l'action *(l'activité productrice)* des hommes (les individus déterminés) sur la *nature* que ceux-ci s'assurent « la production de la vie matérielle elle-même » considérée comme « production des moyens permettant de satisfaire les besoins *(Bedürfnisse)* : boire, manger, se loger, s'habiller et quelques autres choses encore ».

« C'est, disent Engels et Marx dans *L'Idéologie allemande* une condition fondamentale de toute histoire que l'on doit aujourd'hui encore comme il y a des milliers d'années, remplir jour par jour, heure par heure, simplement pour maintenir les hommes en vie. »

C'est là « le premier fait historique ».

b. Production de nouveaux besoins

Sans recourir à d'autres présuppositions l'activité productrice – et donc l'histoire – se poursuit. En effet « le premier besoin lui-même une fois satisfait, l'action de le satisfaire et l'instrument déjà acquis de cette satisfaction poussent à de nouveaux besoins ».

Ainsi s'instaure une dialectique entre les besoins accrus qui induisent de nouveaux rapports sociaux, ces nouveaux rapports sociaux induisant à leur tour un accroissement des besoins. Ce sont donc besoins et besoins nouveaux qui conditionnent « un système de liens matériels entre les hommes » système « qui prend sans cesse de nouvelles formes et présente une histoire ».

c. Reproduction

Enfin – et toujours en partant des mêmes prémisses matérielles – un autre élément intervient « dans le développement historique ».

C'est que « les hommes qui renouvellent chaque jour leur propre vie, se mettent à créer d'autres hommes, à se reproduire ». Cette reproduction se fait au sein de la famille (lieu du premier « rapport social entre homme et femme, parents et enfants »). C'est le point de départ de l'accroissement de la population. (« Elle-même présuppose pour sa part des relations des individus entre eux. La forme de ces relations est à son tour conditionnée par la production. ») De même la reproduction est ce qui rend possible l'histoire définie comme « succession de différentes générations ».

Il ne s'agit pas là de faits successifs. Ce sont d'emblée trois aspects de l'activité sociale qui caractérisent l'histoire. Ils ont « coexisté depuis le début de l'histoire et depuis les premiers hommes », ce sont eux qui se manifestent encore aujourd'hui à notre époque, ce sont eux qui définissent l'histoire quelle que soit l'époque de toute formation sociale.

□ 9. LES DÉTERMINATIONS DE L'HISTOIRE

Dans sa plus grande généralité – comme Marx le suggère dans son *Introduction* aux *Grundrisse* (1857) – l'histoire est le rapport actif du sujet (l'humanité) avec l'objet (la nature) – sujet et objet formant les deux termes d'une unité contradictoire.

Mais cette activité productrice peut elle-même se saisir à deux niveaux :

- d'une part au niveau d'un développement des forces productives *(Produktivkräfte)*;
- et d'autre part au niveau d'un mode de relations *(Verkehr)* qui y correspond.

a. Les forces productives

La notion de forces productives (le plus souvent au pluriel) est à distinguer de celle de force productive (au singulier). La force productive, c'est la « productivité » (du travail social). Les forces productives, ce sont les « capacités de production d'une formation sociale, l'ensemble des forces de travail et des moyens de production d'un pays ou d'une époque donnée » (Georges Labica, *Dictionnaire critique du marxisme*).

Les forces productives sont des sources naturelles de travail social (l'eau, le vent, des terres défrichées...) mais aussi des instruments matériels de production (la main, des outils, des machines).

C'est surtout ce sens d'instruments de production *(Produktions-Instrumenten)* qui définit au départ pour Engels et Marx la notion de forces productives comme on le voit encore dans le *Manifeste du parti communiste* (1848) : « La bourgeoisie ne peut exister sans révolutionner constamment les instruments de production et dont les rapports de production, c'est-à-dire l'ensemble des rapports sociaux. »

Mais les forces productives comprennent aussi bien les travailleurs et les capitaux accumulés (« le capital est lui aussi, entre autres choses, un instrument de production, il est lui aussi du travail passé, objectivé » Introduction aux *Grundrisse...* 1857).

Au niveau de la grande industrie « la science elle-même devient une force productive » (*Le Capital,* Livre 1, chap. 14).

Marx ne songe pas à établir une fois pour toutes une nomenclature exhaustive (mais en réalité limitative) des différents éléments qui constituent la notion de forces productives. D'un texte à l'autre des éléments apparaissent. Dans *L'Idéologie allemande :* « L'établissement d'une économie domestique communautaire a pour conditions préalables le développement du machinisme, celui de l'utilisation des forces naturelles et de nombreuses autres forces productives – par exemple des conduites d'eau, de l'éclairage au gaz, du chauffage par la vapeur, etc., ... la suppression de l'opposition entre la ville et la campagne. » Dans le *Manifeste :* « Classe au pouvoir depuis un siècle à peine, la bourgeoisie a créé des forces productives plus nombreuses et plus gigantesques que ne l'avaient fait toutes les générations passées prises ensemble. Mise sous le joug des forces de la nature, machinisme, application de la chimie à l'industrie et à l'agriculture, navigation à vapeur, chemins de fer, télégraphes électriques, défrichement de continents entiers, régularisation des fleuves, populations entières jaillies du sol. »

Ces forces productives doivent être considérées dans leur masse. C'est le terme *(Menze)* employé dans *L'Idéologie allemande* (« la masse des forces productives ») ou encore *(Masse)* dans le *Projet de profession de foi communiste* (1847) (« la masse des forces de production et des moyens de subsistance engendrés par le développement de l'industrie... »). C'est cette masse des forces productives accessibles aux hommes qui « détermine l'état social », de telle sorte, disent Engels et Marx que : « l'on doit étudier et élaborer sans cesse "l'histoire des hommes" en liaison avec l'histoire de l'industrie et des échanges ».

Mais les forces productives n'ont pas concrètement d'existence en tant que telles. Elles ne sont « des forces réelles » que dans le commerce et l'interdépendance des individus.

b. Les modes de relations

L'expression mode de relation correspond au terme allemand de *Verkehr* que Karl Marx traduit lui-même par commerce, dans sa lettre du 28 décembre 1846 à Pavel V. Annenkov (rédigée en français et où il critique la *Philosophie de la misère de Proudhon*) : « Les hommes sont forcés, du moment où le mode de leur commerce ne correspond plus aux forces productives acquises, de changer toutes leurs formes sociales traditionnelles. Je prends le mot commerce ici dans le sens le plus général, comme nous disons en allemand : *Verkehr.* »

Ce sont des relations (des individus entre eux), des formes de relations (Verkehrsformen). Cette manière d'être en relation constitue dans *L'Idéologie allemande* un mode déterminé de l'activité des individus, un mode de vie *(Lebensweise).* Le terme de modes de relations laissera ultérieurement la place au terme des rapports de production *(Produktionsverhältnisse)* expression employée à plusieurs reprises dès 1848 dans le *Manifeste du parti communiste :* « La bourgeoisie ne peut exister sans révolutionner constamment les instruments de production et donc les rapports de production, c'est-à-dire l'ensemble des rapports sociaux. » L'expression rapport de production est définitivement acquise dans la *Préface* à la *Critique de L'économie politique* (1859) : « Dans la production sociale de leur existence, les hommes entrent en des rapports déterminés, nécessaires, indépendants de leur volonté, rapports de production qui correspondent à un degré de développement déterminé de leurs forces productives matérielles. »

c. La correspondance « forces productives » et « rapports de production »

Cette correspondance est clairement exprimée par Karl Marx dans sa lettre à Pavel V. Annenkov : « Posez un certain état de développement des facultés productives des hommes, et vous aurez une telle forme de commerce et de consommation. » Avec comme exemple : « Le privilège, l'institution des jurandes et des corporations, le régime réglementaire du Moyen Âge, étaient des relations sociales, qui seules correspondaient aux forces productives acquises et à l'état social préexistant, duquel ces institutions étaient sorties. »

L'Idéologie allemande indique également cette correspondance en évoquant : « Les hommes réels, agissants, tels qu'ils sont conditionnés par un développement déterminé de leurs forces productives et du mode de relations qui y correspond », et encore « un mode de production ou un stade industriel déterminés sont constamment liés à un mode de coopération ou à un stade social déterminé. »

On retrouve une formule identique dans la *Préface* à la *Contribution à la critique de l'économie politique :* « Les hommes entrent en des rapports déterminés, nécessaires, indépendants de leur volonté, rapports de production qui correspondent à un degré de développement déterminé de leurs forces productives matérielles. »

De cette correspondance, Marx donne parfois des formules raccourcies : « Le moulin à bras vous donnera la société avec le suzerain; le moulin à vapeur, la société avec le capitalisme industriel. » (*Misère de la philosophie,* 1847.)

Dans cette correspondance on ordonne généralement en 1. LES FORCES PRODUCTIVES, en 2. LES MODES DE RELATIONS (rapports de production). Mais il s'agit en réalité de deux notions liées , et liées à un tel point que le mode de relation doit être compris aussi comme force productive : « Un mode de production ou un stade industriel déterminés sont constamment liés à un mode de coopération ou à un stade social déterminés, et que ce mode de coopération est lui-même une force productive. » Ce lieu dialectique est mis en évidence dans un autre passage de *L'Idéologie allemande :* la coopération des divers individus (conditionnée par la division du travail) provoque une puissance sociale, « c'est-à-dire (une) force productive décuplée ».

Ou encore : « L'industrie et le commerce, la production et l'échange des besoins vitaux conditionnent de leur côté la distribution, la structure des différentes classes sociales, pour être à leur tour conditionnés par celles-ci dans leur mode de fonctionnement. »

□ 10. LES FIGURES DE L'HISTOIRE

a. La totalité

« Représenter la chose dans sa totalité », tel est le projet scientifique d'Engels et de Marx. Il en est ainsi du domaine particulier que constitue l'histoire. Aussi celle-ci ne saurait s'épuiser dans la représentation de ce qui en constitue seulement sa base (« le sol réel de l'histoire ») : le développement du procès réel de la production.

Le concret de l'histoire, ce sont les hommes. Un texte ultérieur de Friedrich Engels, *Ludwig Feuerbach et la fin de la philosophie classique allemande* (1886) le montre ainsi : « Les hommes font leur histoire, quelque tournure qu'elle prenne, en poursuivant chacun leurs fins propres consciemment voulues, et c'est précisément la résultante de ces nombreuses volontés agissant dans des directions différentes et la résultante de leur multiples effets sur le monde extérieur qui constituent l'histoire. »

Le concret de l'histoire c'est, selon une expression de *L'Idéologie allemande,* le processus vital d'individus déterminés « tels qu'ils œuvrent et produisent matériellement », non pas d'une manière abstraite de la réalité, mais au contraire dans des conditions déterminées.

Cet ensemble des rapports matériels des individus, cet ensemble de la vie commerciale et industrielle qui forme une « organisation sociale », Engels et Marx – reprenant l'expression de Hegel dans la *Philosophie du droit* – l'appellent société civile *(bürgerliche Gesellschaft)* : « La société civile embrasse l'ensemble des rapports matériels des individus à l'intérieur d'un stade de développement déterminé des forces productives. Elle embrasse l'ensemble de la vie commerciale et industrielle d'une étape. »

Le terme *bürgerliche Gesellschaft* qui peut se traduire aussi bien par société bourgeoise ou par société civile, Engels et Marx en désignent bien l'apparition « au XVIIIe siècle, dès que les rapports de propriété se furent dégagés de la communauté antique et médiévale ».

« La société civile, en tant que telle, disent-ils dans *L'Idéologie allemande,* ne se développe qu'avec la bourgeoisie ; toutefois l'organisation sociale issue directement de la production et du commerce (...) a été constamment désignée sous le même nom. »

C'est la société civile – en tant que telle – qui est « le véritable foyer, la véritable scène de toute l'histoire ».

Elle est à la fois déterminée et déterminante.

b. Structure

La société civile est déterminée par le développement du procès réel de la production (l'activité matérielle et le commerce matériel). Mais à son tour elle est déterminante. Elle est à la base de l'État *(die Basis des Staats)* et de l'ensemble de la superstructure, les formes juridiques, politiques, religieuses, artistiques, philosophiques... « Les mêmes hommes, dit Marx dans *Misère de la philosophie,* qui établissent les rapports sociaux conformément à leur productivité matérielle, produisent aussi les principes, les idées, les catégories, conformément à leurs rapports sociaux. »

On peut ainsi, dans cette perspective, donner d'une formation sociale (la société) à un moment donné, une sorte de représentation imagée, dans l'espace, topologique (avec un haut et un bas). Comme si la société était faite de niveaux empilés les uns sur les autres. Dans *L'Idéologie allemande,* Engels et Marx parlent de stratifications *(Schichten)* (« rechercher l'interdépendance réelle, pratique de ces différentes stratifications »).

Au sommet : la superstructure (les raports juridiques, l'État) ; au centre : les conditions matérielles de l'existence (la « société civile ») ; à la base : les forces productives matérielles.

Un passage de *L'Idéologie allemande* conforte une telle représentation : « Cette conception de l'histoire a donc pour base le développement du procès réel de la production, et cela en partant de la production matérielle de la vie immédiate ; elle conçoit la forme des relations humaines liée à ce mode de production et engendrée par elle, je veux dire la société civile à ses différents stades, comme étant le fondement de toute l'histoire, ce qui consiste à la représenter dans son action en tant qu'État aussi bien qu'à expliquer par elle l'ensemble des diverses productions théoriques et des formes de la conscience. »

L'itinéraire de Karl Marx, tel qu'il le décrit lui-même dans la *Préface* à la *Contribution à la critique de l'économie politique* est à cet égard exemplaire : il part du sommet (« l'objet de mes études spécialisées était la jurisprudence ») pour se confronter aux problèmes matériels (« En 1842-1843, en ma qualité de rédacteur à la *Rheinische Zeitung,* je me trouvais pour la première fois dans l'obligation de dire mon mot sur ce qu'on appelle les intérêts matériels ») et aborder enfin les questions économiques (« enfin les débats sur le libre-échange et le protectionnisme me fournirent les premières raisons de m'occuper de questions économiques »).

À la recherche d'une instance déterminante du développement historique (c'est-à-dire d'un lieu ayant un développement historique réellement autonome) le parcours de Marx est scandé par une sorte de descente.

« Mes recherches aboutirent à ce résultat que les rapports juridiques – ainsi que les formes de l'État – ne peuvent être compris ni par eux-mêmes, ni par la prétendue évolution générale de l'esprit humain, mais qu'ils prennent au contraire leurs racines dans les conditions matérielles d'existence dont Hegel, à l'exemple des Anglais et des Français du XVIIIe siècle, comprend l'ensemble sous le nom de "société civile" et que l'anatomie de la société civile doit être cherchée à son tour dans l'économie politique. »

Et au contraire, lorsque son cheminement personnel est accompli – ce qui est à peu près acquis au cours de la rédaction de *L'Idéologie allemande* – Marx, ayant à décrire la société, en présente les trois aspects – ou pour employer une expression philosophique, les trois moments *(« drei Momente »)* – qui coexistent, selon un ordre logique : « la force productive, l'état social, la conscience ».

c. Stades

Aussi peut-on approcher la notion d'histoire, dans une période donnée, en privilégiant sa structure, comme si on procédait à une coupe verticale.

Mais il y a aussi « la marche de l'histoire » *(geschichtlichen Verlauf)*, expression qu'on traduirait aussi bien par le cours, le déroulement, le développement de l'histoire. Ou encore selon une formule plusieurs fois employée dans *L'Idéololgie allemande* « la force motrice de l'histoire » *(treibenden Kraft der Geschichte)*.

L'histoire, c'est d'abord le fait que les choses « prennent sans cesse de nouvelles formes ». Il en est ainsi du système des liens matériels entre les hommes (« système de liens qui prend sans cesse de nouvelles formes et présente donc une histoire ») ou de la propriété (« comment la propriété, par exemple, aurait-elle pu somme toute avoir une histoire, prendre différentes formes ? »).

L'histoire, c'est aussi la succession des générations : « À chaque stade se trouvent donnés un résultat matériel, une somme de forces productives, un rapport avec la nature et entre les individus, créés historiquement et transmis à chaque génération par celle qui la précède. » Et encore : « L'histoire n'est pas autre chose que la succession des différentes générations dont chacune exploite les matériaux, les capitaux, les forces productives, qui lui sont transmis par toutes les générations précédentes. »

Mais il y a plus. Il est possible, pensent Engels et Marx, de définir dans la diversité des formes, dans la succession des générations des stades *(Stufe)* et plus précisément même des stades de développement *(Entwicklungsstufen)*.

C'est ainsi dans *L'Idéologie allemande :* un état (ou stade) du développement des forces productives induit un état du développement de la division du travail, qui lui-même induit une certaine forme de la propriété. (« Les divers stades de développement de la division du travail représentent autant de formes différentes de la propriété. ») D'où la possibilité de se représenter l'histoire comme succession des formes de la propriété : 1. propriété de la tribu ; 2. propriété communale ; 3. propriété féodale ; 4. propriété privée (avec elle-même ses trois périodes : corporation, manufacture, grande industrie) ; ou encore comme succession de modes de production (les modes de production articulent forces productives et rapports de production) : communauté primitive, mode de production esclavagiste, mode de production féodal, mode de production capitaliste.

C'est un « découpage » de ce type qui a été largement popularisé, quelque quatre-vingt-dix ans plus tard par Joseph V. Staline dans « Matérialisme dialectique et matérialisme historique » – un des chapitres (section 2 du chapitre IV) de l'*Histoire du P.C. (bolchévik) de l'U.R.S.S.* (1938) (« L'histoire connaît cinq types *fondamentaux* de rapports de production : la commune primitive, l'esclavage, le régime féodal, le régime capitaliste et le régime socialiste »).

Cependant Marx donnera dans la *Préface* à la *Contribution à la critique de l'économie politique* (1859) une autre scansion à l'histoire : « À grands traits, les modes de production asiatique, antique, féodal et bourgeois moderne peuvent être qualifiés d'époques progressives de la formation sociale économique. »

Mais quelle que soit la désignation des stades, et leur nombre, le thème majeur est celui de la progression dans le passage d'un stade à un autre.

□ 11. MANUSCRIT ET ÉDITIONS

Die deutsche Ideologie (« L'Idéologie allemande ») est rédigée entre la fin de l'été 1845 (sans doute à partir de septembre ou d'octobre) et mai 1846, alors que Marx, qui vient d'être expulsé de Paris (février 1845), réside à Bruxelles.

a. Histoire du manuscrit

Le texte n'a pas été publié du vivant de Marx, non plus après sa mort (1883) par Engels, comme ce sera le cas pour le Livre II et le Livre III du *Capital*. Mais seulement presque quatre-vingt-dix ans après sa rédaction : 1926, pour ce qui est considéré aujourd'hui comme sa première partie (I – Feuerbach) ; 1932 pour l'intégralité.

Ce qui n'autorise guère à la certitude absolue quant au contenu et à l'ordonnancement du livre probable. D'autant que le manuscrit n'a cessé d'évoluer.

Le motif immédiat est de répondre à des articles polémiques de Bruno Bauer et de Max Stirner, parus dans la *Revue trimestrielle* de Wigand, dirigés contre L. Feuerbach, mais dans lesquels Marx et Engels sont traités de dogmatiques. Marx et Engels se proposent de tourner en ridicule Bruno Bauer et Max Stirner sous les traits de Pères de l'Église prédisant l'avenir dans un Concile. D'où le titre primitif du livre, *Le Concile de Leipzig* (Leipzig étant le lieu d'édition de la *Revue trimestrielle...*), qui constitue initialement, sous forme également humoristique, une sorte de prolongement à *La Sainte Famille*.

Mais, Marx, toujours indéfiniment prolixe, veut élargir sa critique « au socialisme allemand » dans son ensemble, à tel point que pour être publiés plus facilement les auteurs annoncent deux tomes : Tome I, *Critique de la philosophie allemande la plus récente dans la personne de ses représentants Feuerbach, B. Bauer et Stirner;* Tome II, *Critique du socialisme allemand dans la personne de ses différents prophètes.*

Puis le livre quasiment achevé, au moment où Joseph Weydemeyer qui a emporté le manuscrit entame des pourparlers pour le faire éditer, Marx rédige, en plus du manuscrit initial, le chapitre sur Feuerbach, qui doit être placé en tête du livre; chapitre tardif qui, de l'aveu d'Engels, ne fut jamais vraiment achevé (et qui constitue ce qu'il est convenu d'appeler aujourd'hui la première partie de *L'Idéologie allemande*).

Lorsqu'il paraît certain aux auteurs que le livre, malgré leurs efforts opiniâtres, ne pourra malheureusement être édité, ils redistribuent à Moses Hess et à K.L. Bernays les contributions initialement prévues et qui devaient être incorporées dans l'ouvrage.

Seul un chapitre (le chapitre V du second tome : « Le Dr Georg Kuhlmann de Holstein » ou la prophétie du socialisme vrai) paraît, à part, en 1847 dans le *Westphälisches Dampfboot* (cahiers 8 et 9).

Le manuscrit de *L'Idéologie allemande* rejoint alors la masse considérable des autres manuscrits, cahiers d'études, notes, brouillons, lettres, que Marx dans son insatiable boulimie de travail ne cesse, jour après jour, de reprendre et d'entasser autour de lui, masse qui va le suivre de Bruxelles à Paris (où il retourne en mars-avril 1848), puis à Londres (où il s'exile définitivement en août 1849).

À sa mort (1883) ses livres et ses manuscrits vont à Engels, l'ami de toujours. Le manuscrit de *L'Idéologie allemande* continue d'exister. Engels en témoigne lorsqu'il édite en 1888 sous forme de brochure l'étude sur *Feuerbach et la fin de la philosophie classique allemande* déjà parue en une série d'articles dans la revue mensuelle *Neue Zeit* dirigée par Karl Kautsky. « Avant d'envoyer ces lignes à l'impression, dit Engels, j'ai ressorti et regardé encore une fois le vieux manuscrit de 1845-1846. Le chapitre sur Feuerbach n'est pas terminé. La partie rédigée consiste en un exposé de la conception matérialiste de l'histoire [...]. »

Mais Engels meurt à son tour (1895) sans avoir pu finalement faire éditer ce manuscrit, comme il semble en avoir eu l'intention. La valeur immense du legs (le fameux *Nachlass* des marxologues), et qui représente un volume bien supérieur à ce qui a été publié du vivant même de Marx, va dormir pendant des dizaines et des dizaines d'années dans le sommeil ombreux des caisses empilées.

Sans retracer ici l'histoire, mouvementée, de la succession des différents dépositaires des manuscrits, ceux-ci confiés au Parti social-démocrate allemand restent enfermés dans des caisses à peine entrouvertes pendant de nombreuses années. Seuls quelques brefs extraits de *L'Idéologie allemande,* à l'initiative d'Édouard Bernstein, paraissent ici ou là, dans des journaux et des revues liés au courant socialiste allemand.

C'est que le manuscrit de *L'Idéologie allemande,* comme bien d'autres manuscrits de Marx, a de quoi rebuter des germanistes mêmes expérimentés. Il faut savoir que le manuscrit est rédigé sur des sortes de cahiers dont chaque page est divisée en deux colonnes. La rédaction initiale occupe la colonne de gauche. La colonne de droite est habituellement réservée aux corrections et aux ajouts.

Mais chaque colonne de chaque feuillet est à première vue indéchiffrable... Que ce soit l'écriture d'Engels, inclinée vers la droite, aux hampes hautes, qui laisse paraître de loin un rythme régulier et rapide, mais pourtant difficile à pénétrer vraiment, ou plus encore celle de Marx, resserrée ou plutôt comme recroquevillée sur elle-même, aux lettres à peine formées, souvent minuscule, toujours irrégulière, bien que généralement orientée plutôt vers la gauche, pleine d'abréviations, et ne marquant pas la désinence de l'article (dans une langue comportant quatre cas, deux nombres, trois genres...) ... de véritables « hiéroglyphes ». Ajouter à tout cela des passages rayés, des traits obliques, qui par deux biffent le texte, des notes complémentaires, des ajouts, des variantes... Et pour de bon réalisée la prophétie de la « critique rongeuse des souris... » : des passages qui manquent purement et simplement, par plaques, et s'ajoutant à tout cela l'injure du temps qui jaunit et grignote lui aussi le papier qui parfois n'est plus alors qu'un fragile lambeau.

b. Les différentes éditions

Il faudra attendre 1920 et la création d'une « commission Marx » auprès des Éditions d'État, par le jeune État soviétique, pour que se dessine en U.R.S.S. le projet d'une édition critique des œuvres complètes de Marx et d'Engels en langue allemande. C'est ce projet, partiellement réalisé, qui donnera naissance à la première MEGA, sigle construit à partir des premières lettres de « Marx-Engels Gesamt-ausgabe » (œuvres complètes de Marx-Engels) ornant le dos des ouvrages. Cette édition est entreprise d'abord sous la direction de David B. Riazanov (1870-1938) par l'Institut Marx-Engels (créé à Moscou en 1921 et qui prendra en 1931 le nom d'Institut Marx-Engels-Lénine). Puis elle est poursuivie sous la direction de V. Adoratskii. Treize volumes sont ainsi publiés entre 1927 et 1935, date à laquelle s'interrompt la publication de la MEGA, relayée par l'édition de Marx et Engels en russe (avec vingt-huit tomes) de 1931 à 1951.

C'est d'ailleurs D.B. Riazanov, grâce aux milliers de photographies des archives du Parti socialiste allemand qu'il effectue entre 1924 et 1927, qui retrouve la totalité du manuscrit de *L'Idéologie allemande.*

Ce qui lui permet tout d'abord de publier, dès 1926, en allemand, la première partie de *L'Idéologie allemande,* dans le premier tome des Archives Marx-Engels (Marx-Engels Archiv : M.E.A) sous le titre : *Marx und Engels über Feuerbach. Der erste Teil der « deutschen Ideologie »* (Marx et Engels sur Feuerbach. La première partie de *L'Idéologie allemande*).

L'ouvrage est préfacé par D. Riazanov qui retrace l'histoire du manuscrit.

Puis c'est dans le cadre de cette MEGA (publiant les œuvres de Marx et d'Engels dans un ordre chronologique) que paraît pour la première fois l'intégralité de l'ouvrage en 1932 : Karl Marx et Friedrich Engels, *die deutsche Ideologie 1845-1846,* Berlin, 1932, édité par V.V. Adoratskii (volume cinq de la MEGA). L'édition critique tient compte au plus près des indications marginales de Marx et d'Engels et s'efforce de fournir un texte conforme au plan auquel les auteurs semblent s'être en fin de compte arrêtés.

La même année (1932), et presque simultanément, paraît chez Kröner à Leipzig une autre édition de *L'Idéologie allemande* dans une version de S. Landshut et J.P. Mayer. Mais dans cette édition le texte est reproduit dans un ordre différent, avec quelques fautes de lecture, sans les nombreux passages biffés, ni les variantes.

Cependant dans l'édition MEGA de 1932, trois feuillets du manuscrit manquaient encore. Ils furent retrouvés ultérieurement. Aussi une publication plus complète, et encore plus correctement ordonnée de la première partie (I. Feuerbach) a été reproduite en 1962 dans l'*International Review of Social History* — Vol. III, part. 1 puis, en 1966, dans la *Deutsche Zeitschrift für Philosophie* Berlin 1966, 10-14. C'est généralement d'après ce texte que sont faites aujourd'hui les éditions de *L'Idéologie allemande.*

c. Traduction française

La première traduction française (et seulement pour la première partie : I. Feuerbach) paraît en 1937 chez l'éditeur Alfred Costes, d'après l'édition de Leipzig de 1932 établie par S. Landshut et J.P. Mayer, dans une traduction de J. Molitor. Cette édition est reprise telle à nouveau en 1953.

C'est cette même année (1953) que les Éditions Sociales publient pour la première fois, quant à elles, et sous l'impulsion d'Émile Bottigelli, la première partie de *L'Idéologie allemande,* mais à partir de l'édition critique de la première MEGA, alors seule disponible. Suivront pour cette première partie une série de rééditions : 1966, 1972 (pour une édition bilingue) puis 1982 (coll. Essentiel). Enfin, c'est en 1968 (puis 1971 et 1976) que les Éditions Sociales publient la traduction du texte intégral de *L'Idéologie allemande* (présentée et annotée par Gilbert Badia).

Il existe en langue française d'autres éditions de *L'Idéologie allemande.* Celle parue aux Éditions Champ Libre, en 1981, dans le tome II de l'édition en deux volumes des *Œuvres philosophiques* de Karl Marx, dans la traduction de J. Molitor (autrement dit reprenant, à très peu de choses près, le texte de 1937 de l'édition Costes).

Enfin Maximilien Rubel dans son édition, chez Gallimard, des *Œuvres de Marx* (Bibliothèque de la Pléïade) publie dans le tome III (1982) « une recomposition du texte » de *L'Idéologie allemande* incluant notamment toute la première partie.

L'IDÉOLOGIE ALLEMANDE

AVANT-PROPOS

Jusqu'à présent, les hommes se sont toujours fait des idées fausses sur eux-mêmes, sur ce qu'ils sont ou devraient être. Ils ont organisé leurs rapports suivant les représentations qu'ils se faisaient de Dieu, de l'homme normal, etc. Les produits de leur cerveau ont fini par les dépasser. Eux, créateurs, ils se sont inclinés devant leurs créations. Délivrons-les des élucubrations, des idées, des dogmes, des êtres imaginaires sous le joug desquels ils dépérissent.

Révoltons-nous contre cette domination des idées. Apprenons aux hommes, dit l'un, à troquer ces imaginations contre des idées conformes à la nature de l'homme ; et, dit l'autre, apprenons-leur à être critiques à leur égard ; à se les ôter de la tête, dit le troisième, et la réalité existante s'effondrera.

Ces fantasmes innocents et naïfs constituent le noyau de la philosophie récente des jeunes-hégéliens que le public, en Allemagne, accueille avec frayeur et avec respect, et que les *héros philosophiques* présentent eux-mêmes avec la conviction solennelle qu'elle est dangereuse au point de bouleverser le monde, et brutale au point d'être criminelle. Le premier volume de cette publication se propose de démasquer ces brebis qui se prennent et qu'on prend pour des loups. Il se propose également de montrer que leurs bêlements philosophiques ne font que répéter les opinions des bourgeois allemands et que les fanfaronnades de ces exégètes philosophiques reflètent simplement la misère de la réalité allemande. Il se propose de ridiculiser et de discréditer ce combat philosophique contre l'ombre de la réalité où, tête en l'air et rêveur, le peuple allemand se complaît.

Il y avait un jour un brave homme qui s'imaginait que si les hommes se noyaient c'était parce qu'ils étaient possédés par *l'idée de la pesanteur.* S'ils s'ôtaient cette idée de la tête, par exemple en déclarant que c'était là une superstition, une idée religieuse, ils seraient là à l'abri du danger de noyade. Sa vie durant, il a combattu cette illusion de la pesanteur, dont les conséquences fâcheuses lui étaient démontrées de nombreuses fois par toutes les statistiques. Ce brave homme était le type même des nouveaux philosophes révolutionnaires allemands.

< Il n'y a aucune différence spécifique entre l'idéalisme allemand et l'idéologie de tous les autres peuples. Pour

celle-ci aussi, le monde est dominé par des idées, les idées et les concepts sont des principes déterminants, les idées déterminées sont le mystère du monde matériel accessible aux philosophes.

Hegel avait parachevé l'idéalisme positif. Chez lui, l'ensemble du monde matériel ne s'était pas seulement transformé en un monde d'idées, et toute l'histoire en une histoire d'idées. Il ne se borne pas à enregistrer les choses pensées, il cherche aussi à montrer l'acte de production.

Tirés de leur monde de rêves, les philosophes allemands protestent contre le monde d'idées auquel ils [...] l'image des [...] réels, phys[iques].

Les philosophes critiques allemands affirment tous sans exception que jusqu'à présent les idées, les représentations, les concepts ont dominé et déterminé les hommes réels, que le monde réel est un produit du monde idéel. Cela a été ainsi jusqu'au moment présent mais cela devra changer. Ils se différencient par la façon dont ils voudraient délivrer le monde des hommes qui, à leur avis, gémit sous le poids de ses propres idées fixes ; ils croient tous à ce règne des idées ; ils s'accordent dans la croyance que leur pensée critique amènera nécessairement la fin de ce qui existe, soit qu'ils s'imaginent que leur pensée individuelle suffise à y parvenir, soit qu'ils veuillent conquérir la conscience universelle.

La croyance que le monde réel est le produit du monde idéel, que le monde des idées [...]

Déconcertés par leur propre monde hégélien des idées, les philosophes allemands protestent contre le règne des pensées, des idées, des représentations qui ont jusqu'à présent, selon eux, c'est-à-dire selon *l'illusion de Hegel,* engendré, déterminé et dominé le monde réel. Ils protestent et périssent [...]

D'après le système hégélien[1], ce sont les idées, les pensées, les concepts qui ont produit, déterminé, dominé la vie réelle des hommes, leur monde matériel, leurs rapports réels. Ses disciples rebelles lui empruntent tout cela [...] >

1. Cf. Marx, *Le Capital :* « Pour Hegel, le processus de la pensée, qu'il transforme même, sous le nom d'Idée, en un sujet indépendant, est le démiurge de la réalité, qui ne constitue plus que son apparence extérieure. Pour moi, inversement, l'idéal n'est rien d'autre que le matériel traduit et transposé dans la tête humaine. »

FEUERBACH

Aux dires de certains idéologues allemands, l'Allemagne a connu au cours de ces dernières années un bouleversement sans précédent. Commencé avec Strauss, le processus de décomposition du système hégélien s'est terminé par une fermentation universelle où sont entraînées toutes les « puissances du passé ». Dans ce chaos général, des empires immenses se sont formés pour sombrer aussitôt, des héros sont apparus momentanément pour être rejetés dans les ténèbres par des rivaux plus hardis et plus puissants. Ce fut une révolution en comparaison de laquelle la Révolution française[2] n'est qu'un jeu d'enfants, une lutte mondiale qui fait paraître mesquins les combats des

2. En réalité, lorsque Marx caractérise la Révolution française, il la définit comme la période historique où la propriété féodale a été abolie au profit de la propriété bourgeoise.

Diadoques[3]. Les principes se supplantèrent, les héros de la pensée se culbutèrent les uns les autres avec une hâte inouïe et, en trois ans, de 1842 à 1845, on a fait davantage le ménage en Allemagne qu'ailleurs en trois siècles.

Tout cela se serait passé dans la pure pensée.

< Le monde extérieur profane n'a naturellement rien su de tout cela, car cet événement qui a bouleversé le monde se réduisait au fond au processus de pourrissement de l'esprit absolu >

Il s'agit, il est vrai, d'un événement intéressant : le processus de pourrissement de l'esprit absolu.

< L'ordonnateur de mariages et de funérailles, le critique ne pouvait être absent, lui, qui, en tant que résidu des grandes guerres de libération, se [...] >

Après l'extinction de la dernière étincelle de vie, les divers éléments de ce *caput mortuum*[4] entrèrent en décomposition, engendrant de nouveaux composés et formant de nouvelles substances. Les industriels de la philosophie, qui jusqu'alors avaient vécu de l'exploitation de l'esprit absolu, se jetèrent dès cet instant sur ces nouveaux composés, chacun déployant un zèle extrême pour user la part qui lui était échue. Voilà qui ne pouvait se faire sans concurrence. Au début, cette concurrence fut menée assez bourgeoisement avec sérieux. Plus tard, quand le marché allemand se trouva encombré et qu'en dépit de tous les efforts la marchandise resta sans preneur sur le marché mondial, l'affaire fut gâchée, à la manière allemande habituelle, par une production de série et de pacotille, par la baisse de la qualité, par le frelatage de la matière première, la falsification des étiquettes, les achats fictifs, l'émission de billets de complaisance, enfin par un système de crédit dépourvu de tout fondement réel. Cette concurrence se termine dans une lutte acharnée qu'on nous présente et vante maintenant comme un bouleversement historique, créateur de résultats et de conquêtes grandioses.

Pour apprécier à sa juste valeur cette charlatanerie philosophique qui, même dans le cœur de l'honnête bourgeois allemand, éveille un sentiment national réconfortant, pour mettre en évidence la mesquinerie, le provincialisme borné

< et de l'esprit national >

de tout ce mouvement jeune-hégélien, et notamment le contraste tragi-comique entre les prouesses réelles de ces héros et les illusions qu'ils se font de ces mêmes prouesses ; pour regarder enfin toute cette agitation, il convient de choisir un poste d'observateur hors d'Allemagne.

3. *Diadoques :* terme forgé du grec et qui signifie *successeur.* Nom donné aux généraux grecs (Perdiccas, Antigonos, Démétrios et quelques autres) qui se disputèrent de manière sanglante l'empire d'Alexandre le Grand après sa mort (323 av. J.-C.). Le terme est repris (1859) par Friedrich Engels dans une recension d'un ouvrage de Marx : « Au régime des Diadoques hégéliens qui se perdait dans la phraséologie... »

4. *Caput mortuum :* littéralement *tête-morte.* Terme du vocabulaire de la chimie pour désigner le résidu d'une distillation. Friedrich Engels emploie ce même terme dans une lettre à Karl Marx (20 janvier 1845) à propos de la société des « Affranchis » qui rassemblait littérateurs, philosophes et jeunes-hégéliens : « La désagrégation du *caput mortuum* des Affranchis paraît complète. Outre les Bauer, Stirner semble également ne plus avoir de rapports avec eux. »

< Pour cette raison, nous ferons précéder la critique particulière des divers représentants de ce mouvement par quelques remarques générales (sur la philosophie allemande et l'idéologie dans sa totalité). (Ces remarques suffiront pour caractériser le point de vue de notre critique autant que c'est nécessaire à la compréhension et pour justifier les critiques individuelles qui suivront. Si ces remarques visent avant tout Feuerbach, c'est qu'il est bien le seul à avoir au moins fait un certain progrès, le seul dont on puisse de bonne foi étudier les écrits.) Ces remarques éclaireront davantage les présupposés idéologiques communs à tous. >

A. L'idéologie en général et spécialement l'idéologie allemande

Même dans ses efforts tout récents, la critique allemande n'a pas quitté le terrain de la philosophie. Loin d'examiner ses présupposés philosophiques généraux, elle a fondé toutes ses questions sur le terrain d'un système philosophique particulier, celui de Hegel. Il y avait une mystification, non seulement dans les réponses mais dans les questions mêmes. Cette dépendance de Hegel[5] est la raison pour laquelle aucun de ces critiques récents n'a même essayé de faire une critique d'ensemble du système hégélien, bien que chacun d'entre eux affirme avoir dépassé Hegel. La polémique qu'ils soulèvent contre Hegel et entre eux-mêmes se limite à ce que chacun isole un côté du système hégélien pour l'opposer à la fois au système tout entier et aux côtés isolés par les autres. On commence par isoler des catégories hégéliennes pures, non falsifiées, telles que Substance, Conscience de soi[6], pour les profaner ensuite par des noms plus séculiers tels que Genre, Unique, Homme[7], etc.

5. L'influence durable du système hégélien « dans l'atmosphère teintée de philosophie de l'Allemagne » est bien décrite par Friedrich Engels dans *Ludwig Feuerbach* : « Ce fut une marche triomphale qui dura plusieurs dizaines d'années et ne s'interrompit nullement à la mort de Hegel. » Au contraire c'est précisément de 1830 à 1840 que « l'engouement hégélien » régna de la façon la plus exclusive [...] ; ce fut précisément à cette époque que les idées de Hegel pénétrèrent le plus abondamment, consciemment ou non dans les sciences les plus diverses, imprégnant de leur ferment la littérature populaire et la presse quotidienne, d'où habituellement la « conscience cultivée » tire sa nourriture intellectuelle.

6. Ces notions de la « première génération » sont mises en avant, respectivement par David Strauss (la substance) et Bruno Bauer (la conscience de soi).

7. Ce sont des termes de la « deuxième génération ». *Le Genre* (en allemand *Gattung* dans le sens de *genre humain*) peut désigner Max Stirner, mais renvoie plus probablement à Ludwig Feuerbach. Cf. la *Thèse* 6 « Sur Feuerbach » qui le critique : « Chez lui, l'essence humaine ne peut plus être saisie qu'en tant que "genre", universalité interne, muette, liant de façon *naturelle* les multiples individus. » *L'Homme* désigne de manière univoque Feuerbach. *L'Unique* fait constamment référence à Max Stirner et au titre de son livre *L'Unique et sa propriété* (1844).

De Strauss à Stirner, toute la critique philosophique allemande se limite à la critique des représentations *religieuses*[8].

< qui prétendait être la salvatrice absolue du monde, venue pour le délivrer de tout le mal. La religion fut toujours considérée et traitée comme la cause dernière de tout ce qui répugnait à ces philosophes : comme ennemi mortel. >

On parlait de la religion réelle et de la théologie proprement dite[9]. Par la suite, on déterminait diversement ce qu'est la conscience religieuse, la représentation religieuse. Le progrès consistait à subordonner les prétendues représentations dominantes – métaphysiques, politiques, juridiques, morales et autres – à la sphère des représentations religieuses et théologiques ; il consistait aussi à proclamer religieuse ou théologique la conscience politique, juridique, morale et à déclarer religieux l'homme politique, juridique ou moral, et, en dernière instance, « l'Homme ». On posa comme principe la domination de la religion. Petit à petit, on déclara religieux tout rapport dominant et on le transforma en culte : culte du droit, culte de l'État, etc. Partout, on n'avait plus affaire qu'à des dogmes et à la croyance en des dogmes. Des étendues de plus en plus vastes du monde furent canonisées, jusqu'au moment où le vénérable saint Max[10] put, enfin, canoniser le monde *en bloc* et ainsi en régler le compte une fois pour toutes.

Les vieux-hégéliens avaient *compris* toute chose, dès l'instant où ils l'avaient ramenée à une catégorie de la logique hégélienne. Les jeunes-hégéliens *critiquaient* toute chose, en lui substituant des représentations religieuses ou en déclarant être en présence d'un phénomène théologique. Jeunes et vieux-hégéliens tombent d'accord pour croire dans le règne de la religion, des concepts, de l'universel dans le monde existant. Seulement, les uns combattent ce règne comme une usurpation, alors que les autres le célèbrent comme légitime.

Pour les jeunes-hégéliens, représentations, idées, concepts et d'une manière générale les produits de la conscience qu'ils avaient eux-mêmes autonomisés, sont les véritables chaînes de l'homme alors que les vieux-hégéliens les considéraient avec conviction comme les vrais liens de la société humaine. On comprend alors pourquoi les jeunes-hégéliens ont seulement à combattre, eux aussi, ces illusions de la conscience.

< et pourquoi la transformation de la conscience dominante est le but qu'ils s'efforcent d'atteindre >

Comme, dans leur imagination, les rapports des hom-

8. Cf. Marx, *Manuscrits de 1844 :* « A bien y regarder, la critique *théologique* – bien qu'au début du mouvement elle ait été un véritable moment du progrès – n'est en dernière analyse rien d'autre que la pointe et la conséquence logique poussées jusqu'à leur *caricature théologique* de la vieille *transcendance* de la *philosophie* et en particulier de *Hegel.* »

9. Déjà en 1844, dans « l'Introduction » à la *Contribution à la critique de la philosophie du droit de Hegel,* Marx allait plus loin. Après avoir il est vrai affirmé que « la critique de la religion est la condition préliminaire de toute critique », Marx propose un autre programme : « C'est donc la *tâche de l'histoire,* après la disparition de l'*Au-delà de la vérité,* d'établir la *vérité de ce monde-ci.* » C'est en premier lieu la tâche de la philosophie.

10. Saint Max est le sobriquet donné à Max Stirner.

mes, tous leurs faits et gestes, leurs chaînes et leurs limites sont des produits de leur conscience, les jeunes-hégéliens, en toute logique, proposent aux hommes ce postulat moral : échanger leur conscience actuelle contre la conscience humaine, critique ou égoïste[11], pour supprimer ainsi leurs limites. Exiger de la sorte de transformer la conscience, c'est exiger à interpréter différemment ce qui existe, c'est-à-dire à l'accepter au moyen d'une autre interprétation. En dépit de leurs mots vides de sens qui prétendent « bouleverser le monde », les idéologues jeunes-hégéliens sont les plus grands conservateurs. Les plus jeunes d'entre eux ont trouvé la bonne formule pour qualifier leur activité en affirmant qu'ils combattent uniquement « de grands mots vides de sens ». Ils oublient seulement qu'eux-mêmes n'opposent à ces grands mots vides de sens que de grands mots vides de sens et qu'ils ne combattent nullement le monde réellement existant, en combattant seulement les grands mots vides de sens[12]. Les seuls résultats que cette critique philosophique a à son actif furent quelques éclaircissements d'histoire religieuse, partiels de surcroît, sur le christianisme ; toutes leurs autres affirmations ne sont que d'autres façons d'embellir leur prétention d'avoir fait des découvertes d'une portée historique par ces éclaircissements insignifiants.

Aucun de ces philosophes n'a eu l'idée de s'interroger sur les liens de la philosophie allemande avec la réalité allemande, les liens de leur critique avec leur propre milieu matériel.

B. L'idéologie en général, spécialement la philosophie allemande

A. < Nous ne connaissons qu'une seule science, celle de l'histoire[13]. On peut étudier l'histoire sous deux aspects, la diviser en histoire de la nature et histoire des hommes. Toutefois, ces deux côtés sont inséparables ; tant qu'existent des hommes, histoire de la nature et histoire des hommes se conditionnent réciproquement. L'histoire de la nature, la science dite de la nature ne nous intéresse pas ici ; au contraire, il nous faudra nous occuper de l'histoire des hommes puisque presque toute l'idéologie se réduit soit à une conception biscornue de cette histoire, soit à une conception qui en fait totalement abstraction. L'idéologie elle-même n'est qu'un côté de cette histoire. >

Les prémisses[14] dont nous partons ne sont pas arbitraires ; ce ne sont pas des dogmes ; il s'agit de présupposés réels dont on ne peut faire abstraction qu'en imagination. Il s'agit d'individus réels[15], de leur action et de leurs conditions d'existence matérielles, celles trouvées toutes prê-

11. Engels et Marx font ici référence à Bruno Bauer (la conscience critique) et à Max Stirner (la conscience égoïste).

12. Le terme allemand *Phrasen* peut se traduire également par *phraséologie*. Pour Marx la phraséologie, c'est le langage [...] sitôt qu'il est érigé en réalité autonome. *Idéologie allemande* (Le Concile de Leipzig III, Saint Max).

13. Cf. Louis Althusser : « Marx a ouvert à la connaissance scientifique un nouveau et troisième continent scientifique [après le continent Mathématiques et le continent Physique] le continent Histoire. » *Lénine et la philosophie*, Paris, Maspero 1969, p. 25.

14. La question des prémisses fait allusion à Ludwig Feuerbach. Thèse 13 des *Principes de la philosophie de l'avenir* (1843) : « L'*absence totale de présupposition* (par quoi commence la philosophie spéculative) n'est rien d'autre que l'*absence de présupposition et de commencement de l'être divin.* [...]. La philosophie ne présuppose rien, cela veut tout simplement dire : elle *fait abstraction* de tous les *objets* donnés immédiatement, c'est-à-dire donnés par les sens, distincts de la pensée, bref de tout ce dont on peut se passer sans cesser de penser, et elle fait de cet acte d'abstraction de toute *objectivité* son propre commencement. »

15. En 1844 – un an avant la rédaction de ce texte – Marx, dans son « Introduction » à la *Contribution à la critique de la philosophie de droit de Hegel*, en reste à l'approche de « l'homme » en général, et non des « individus réels » : « Mais *l'homme*, ce n'est pas une essence abstraite blottie quelque part hors du monde. L'homme, c'est *le monde de l'homme*, L'État, la société. »

tes et celles créées par leur propre activité. Ces présupposés sont donc constatables de manière purement empirique.

Le premier présupposé de toute histoire humaine est, naturellement, l'existence d'individus humains vivants.

> < Le premier acte *historique* de ces individus, par lequel ils se distinguent des animaux, n'est pas qu'ils pensent, mais qu'ils se mettent *à produire leurs moyens d'existence.* >

Le premier état de fait à constater c'est donc l'organisation physique de ces individus et le rapport, qui en découle pour eux, avec le reste de la nature. Naturellement, nous ne pouvons approfondir ici ni la constitution physique des hommes, ni les conditions naturelles rencontrées par les hommes, conditions géologiques, orographiques, hydrographiques, climatiques et autres.

> < Les conditions déterminent, non seulement l'organisation primitive et naturelle des hommes – pensons ici notamment aux différences de races – mais encore tout leur développement ou non-développement ultérieur jusqu'à ce jour. >

Toute historiographie doit partir de ces bases naturelles et de leur modification par l'action des hommes au cours de l'histoire.

On peut distinguer les hommes des animaux par la conscience, par la religion[16] ou par tout ce que l'on voudra. Eux-mêmes commencent à se distinguer des animaux dès qu'ils se mettent à *produire* leurs moyens d'existence ; ils font là un pas que nécessite leur organisation physique. En produisant leurs moyens d'existence, les hommes produisent indirectement leur vie matérielle elle-même[17].

La façon dont les hommes produisent leurs moyens d'existence dépend d'abord de la nature des moyens d'existence trouvés au départ et à reproduire. Ne considérons pas ce mode de production du seul côté de la reproduction de l'existence physique des individus. Au contraire, il s'agit déjà d'une manière déterminée de l'activité de ces individus, d'une manière déterminée de manifester leur vie, d'un certain *mode de vie* de ces mêmes individus. Et la façon dont les individus manifestent leur vie, c'est eux. Ce qu'ils sont coïncide avec leur production, avec *ce qu'*ils produisent aussi bien qu'avec *la façon dont* ils le produisent. Ce que sont les individus dépend ainsi des conditions matérielles de leur production.

Cette production n'entre en jeu qu'avec l'*accroissement de la population.* A son tour, elle suppose un *commerce*[18] entre individus. La forme de ce commerce est à son tour déterminée par la production.

16. Marx fait allusion aux premières lignes de l'« Introduction » de l'*Essence du christianisme* (1845) de Ludwig Feuerbach : « La religion repose sur la *différence essentielle* de l'homme et de l'animal – les animaux *n'ont pas* de religion » et à ce passage : « Quelle est donc cette différence essentielle de l'homme et de l'animal ? La réponse la plus simple et la plus générale et aussi la plus populaire est : *la conscience,* mais la conscience au sens strict. »

17. La question de savoir ce qui distingue l'homme de l'animal est déjà posée par Marx dans les *Manuscrits de 1844* : « C'est précisément dans le fait d'élaborer le monde objectif que l'homme commence donc à faire réellement ses preuves d'*être générique.* Cette production est sa vie générique active. Grâce à cette production, la nature apparaît comme *son* œuvre et sa réalité. »

18. Le terme *commerce* traduit Verkehr. Cette traduction est celle que Marx donne lui-même dans sa lettre écrite en français au journaliste libéral russe Pavel V. Annenkov : « Pour ne pas être privés du résultat obtenu, pour ne pas perdre les fruits de la civilisation, les hommes sont forcés, du moment où le mode de leur commerce ne correspond plus aux forces productives acquises, de changer toutes leurs formes sociales traditionnelles – je prends le mot *commerce,* dans le sens le plus général, comme nous disons en allemand : *Verkehr.* » Ces rapports sociaux que les hommes nouent entre eux, à l'occasion de la production, seront désignés ultérieurement par Marx par le terme de *Produktionsverhältnisse* (rapports de production).

Les relations entre les différentes nations dépendent du stade d'avancement des forces productives, de la division du travail[19] et du commerce intérieur de chacune d'elles. Ce principe est universellement reconnu. Or, non seulement les relations d'une nation avec les autres, mais aussi toute son organisation intérieure dépendent du degré de développement de sa production et de son commerce intérieur et extérieur. Le degré de développement de la division du travail montre avec toute évidence le stade de développement des forces productives d'une nation. Pour autant qu'elle n'est pas une simple extension quantitative des forces productives déjà connues (par exemple le défrichement de terres), toute nouvelle force productive a pour conséquence un nouveau perfectionnement de la division du travail.

19. Processus de différenciation entre les activités sociales humaines, la division du travail est à l'origine de la division de la société en classes.

La division du travail à l'intérieur d'une nation conduit d'abord à la séparation du travail industriel et commercial du travail agricole et donc à la séparation de la *ville* et de la *campagne*[20] et à l'opposition de leurs intérêts. Son extension ultérieure conduit à la séparation de l'activité commerciale de l'activité industrielle. Parallèlement, du fait de la division du travail à l'intérieur de ces différentes branches, on constate le développement de diverses subdivisions parmi les individus coopérant à des travaux déterminés. La position de ces subdivisions, les unes par rapport aux autres, est déterminée par le mode d'exploitation du travail agricole, industriel et commercial (patriarcat, esclavage, ordres, classes). Les mêmes conditions apparaissent dans les relations entre nations dès l'instant que les échanges sont plus développés.

20. Marx et Engels développeront dans le *Manifeste* (1848) le thème de l'opposition entre la ville et la campagne : « La bourgeoisie a soumis la campagne à la ville. [...] De même elle a subordonné les pays agricoles aux pays industriels, l'Orient à l'Occident » ; et dans *Le Capital* (Livre I) : « Toute division du travail développé, qui s'entretient par l'intermédiaire de l'échange des marchandises, a pour base la séparation de la ville et de la campagne... On peut dire que l'histoire économique de la société roule sur le mouvement de cette antithèse. »

Les divers stades de développement de la division du travail[21] sont autant de formes diverses de la propriété ; autrement dit chaque étape de la division du travail détermine aussi les rapports des individus entre eux quant aux matériaux, aux instruments et aux produits du travail.

21. Dans la « Préface » de la *Contribution à la critique de l'économie politique* (1859), Karl Marx indique une périodisation : « A grands traits, les modes de production asiatique, antique, féodal et bourgeois moderne peuvent être *qualifiés* d'époques progressives de la formation sociale économique. »

La première forme de la propriété, c'est la propriété tribale. Elle correspond à ce niveau peu développé de la production où un peuple se nourrit de la chasse, de la pêche, de l'élevage ou, à la rigueur, de l'agriculture. Le dernier cas nécessite de nombreuses terres non cultivées. A ce stade, la division du travail est encore très rudimentaire, elle se limite à un élargissement de la division naturelle du travail au sein de la famille. De ce fait, l'organisation sociale se limite à une extension de la famille : chefs de tribu patriarcaux avec, au-dessous d'eux, les membres de la tribu, et enfin les esclaves. Latent dans la famille, l'esclavage ne se développe que peu à peu avec l'accroissement de la population et des besoins, et avec l'extension des contacts extérieurs – qu'il s'agisse de la guerre ou du troc.

La deuxième forme est la propriété communale et publique de l'Antiquité, résultat surtout de la réunion, par contrat ou par conquête, de plusieurs tribus en une seule *ville* où l'esclavage subsiste. Parallèlement à la propriété communale, la propriété privée mobilière et plus tard immobilière se développe déjà, mais comme une forme anormale et subordonnée à la propriété communale. Ce n'est qu'au sein de leur communauté que les citoyens exercent leur pouvoir sur leurs travailleurs-esclaves. Pour cette raison, ils sont déjà liés à la forme communale de la propriété. C'est la propriété privée communautaire des citoyens actifs qui les oblige, face aux esclaves, de conserver ce mode naturel d'association. C'est pourquoi toute l'organisation sociale fondée sur elle, et avec elle le pouvoir du peuple, se désagrègent dans la mesure où se développe surtout la propriété privée immobilière. Avec la division du travail plus avancée, nous remarquons dès cette époque l'opposition entre la ville et la campagne, plus tard l'opposition entre États, ceux qui représentent l'intérêt des villes et ceux qui représentent l'intérêt des campagnes, et enfin, à l'intérieur des villes elles-mêmes, l'opposition entre l'industrie et le commerce maritime. Le rapport de classes entre citoyens et esclaves est entièrement formé.

> < Parmi les plébéiens romains, nous trouvons d'abord de petits propriétaires fonciers, plus tard les commencements d'un prolétariat qui, cependant, ne parvient pas à se développer à cause de sa position intermédiaire entre citoyens possédants et esclaves. >

Avec le développement de la propriété privée, nous sommes confrontés ici pour la première fois, mais en plus grand, avec la même situation que nous retrouvons dans la propriété privée moderne. D'une part, la concentration de la propriété privée qui commença très tôt à Rome (cf. la loi agraire de Licinius) progressa très vite depuis les guerres civiles, en particulier sous les empereurs ; d'autre part, en relation avec ce fait, la transformation de la petite paysannerie en un prolétariat qui cependant, par sa position intermédiaire entre citoyens possédants et esclaves, ne parvint pas à se développer d'une façon autonome.

La troisième forme est la propriété féodale ou propriété corporative. Si l'Antiquité partait de la *ville* et de son petit territoire, le Moyen Age partait de la *campagne*. Ce point de départ provenait de la dispersion et de l'éparpillement, sur de vastes superficies, des populations existantes que les conquérants ne vinrent guère grossir. A l'opposé de la Grèce et de Rome, le développement féodal commence de ce fait sur un terrain bien plus étendu, préparé par la conquête romaine et l'extension de l'agriculture initialement en relation avec ces mêmes conquêtes. Les derniers siècles de l'Empire romain en décadence et les conquêtes des Barbares détruisirent une grande quantité de forces productives; l'agriculture avait décliné, l'industrie tombait en ruine par manque de débouchés, le commerce languissait ou se trouvait interrompu brutalement, la population rurale et urbaine avait diminué. Cette situation et le mode d'organisation de la conquête qui en a résulté ont développé, sous l'influence de la constitution militaire des Germains, la propriété féodale. Tout comme la propriété tribale et communale, la propriété féodale repose sur une communauté, sauf que ce ne sont plus les esclaves, comme dans l'Antiquité, mais les petits paysans asservis qui en forment la classe directement productrice. En même temps que la constitution entière de la féodalité on voit apparaître l'opposition aux villes. L'organisation hiérarchique de la propriété foncière avec ses suites armées donnait à la noblesse le pouvoir sur les serfs. Cette organisation féodale, tout comme la propriété communale antique, était une association contre la classe productrice dominée; avec cette seule différence de la forme de l'association et du rapport avec les producteurs directs, du fait de la différence des conditions de production.

A cette organisation féodale de la propriété foncière correspondait dans les *villes* la propriété corporative, organisation féodale des métiers. La propriété y consistait principalement dans le travail de chacun. La nécessité de s'associer contre l'association des nobles pillards, le besoin de marchés couverts communs à une époque où le fabricant était en même temps commerçant, la concurrence croissante des serfs évadés qui affluaient vers les villes prospères, l'organisation féodale du pays entier furent à l'origine des *corporations*. Les petits capitaux économisés peu à peu par un nombre restreint d'artisans et dont le nombre était stable au sein d'une population en croissance développèrent le système des compagnons et des apprentis, engendrant dans les villes une hiérarchie semblable à celle de la campagne.

Pendant l'époque féodale, la propriété principale consistait d'un côté dans la propriété foncière et le travail des serfs enchaînés à elle; et, de l'autre, dans le travail individuel muni d'un petit capital dominant le travail des compagnons. L'organisation des deux types de propriété était déterminée par des rapports de production limités – agriculture restreinte et rudimentaire, industrie artisanale. A l'apogée de la féodalité, la division du travail fut peu développée. Chaque pays connaissait l'opposition entre la ville et la campagne. Certes, la division en ordres était très marquée, mais, en dehors de la séparation entre princes, noblesse, clergé et paysans à la campagne, et entre maîtres, compagnons, apprentis et, bientôt aussi, plèbe des journaliers dans les villes, il n'y eut pas de division importante. Dans l'agriculture, elle était difficile à établir à cause des cultures morcelées à côté desquelles s'est développée l'industrie domestique des pays eux-mêmes. La division du travail dans l'industrie était inexistante au sein des divers métiers, et très faible d'un métier à l'autre. Présente dans les villes plus anciennes, la division entre l'industrie et le commerce ne se développa que plus tard dans les villes nouvelles quand les villes se mirent à entrer en relation entre elles.

La réunion de régions étendues en royaumes féodaux était une nécessité pour la noblesse terrienne et pour les villes. Pour cette raison, l'organisation de la classe dominante, c'est-à-dire la noblesse, eut toujours un monarque à sa tête.

Les faits sont donc les suivants : des individus déterminés[22]

< dans des conditions de production déterminées >

qui ont une activité productive déterminée entrent dans des rapports sociaux[23] et politiques déterminés. Dans chaque cas particulier, l'observation empirique

< qui s'en tient simplement aux faits réels >

doit montrer empiriquement et sans aucune mystification ni spéculation le lien de l'organisation sociale et politique avec la production. L'organisation sociale et l'État sont toujours le résultat du processus vital d'individus déterminés ; d'individus non pas tels qu'ils peuvent s'apparaître dans leur propre imagination ou apparaître dans celle d'autrui, mais tels qu'ils sont *réellement*, tels qu'ils travaillent et produisent matériellement, donc tels qu'ils agissent sur des bases et dans des conditions et entre des limites matérielles déterminées, indépendantes de leur volonté.

<Les idées que se font ces individus sont des idées soit sur leurs rapports à la nature, soit sur leurs rapports entre eux-mêmes, soit sur leur propre constitution. Il saute aux yeux que, dans tous ces cas, ces idées sont l'expression consciente – réelle ou illusoire – de leur condition et de leur activité réelles, de leur production, de leurs échanges, de leur organisation sociale et politique. Dire le contraire n'est possible que si l'on admet qu'en plus de l'esprit des individus réels, matériellement déterminés, il existe un autre esprit, celui-ci distinct du premier. Si l'expression consciente des rapports réels de ces individus est illusoire ; si, dans leurs représentations, ils mettent leur réalité la tête en bas, c'est encore une conséquence de leur mode borné d'activité matérielle et de leurs relations sociales limitées qui en découlent. >

La production des idées, des représentations, de la conscience est d'abord directement mêlée à l'activité et au com-

22. Cf. Karl Marx, « Introduction » à la *Critique de l'économie politique* (1843) : « Des individus produisant en société – donc une production des individus qui est socialement déterminée, tel est naturellement le point de départ. »

23. Cf. Marx, *Manuscrits de 1844* : « Donc le caractère *social* est le caractère général de tout mouvement ; de même que la société elle-même produit l'*homme* en tant qu'*homme* elle est *produite* par lui. »

merce matériels des hommes : elle est le langage de la vie réelle. Ici, la représentation, la pensée, le commerce intellectuel des hommes apparaissent encore comme l'émanation directe de leur comportement matériel. Il en va de même de la production intellectuelle telle qu'elle s'exprime dans le langage de la politique, des lois, de la morale, de la religion, de la métaphysique[24], etc., d'un peuple. Les hommes sont les producteurs de leurs représentations, de leurs idées, etc. :

> < c'est-à-dire les hommes tels qu'ils sont conditionnés par le mode de production de leur vie matérielle, par leur commerce matériel et son développement ultérieur dans la structure sociale et politique >

réels et agissants, ces hommes sont conditionnés par un développement déterminé de leurs forces productives et du commerce qui leur correspond jusque dans ses formes les plus étendues. La conscience ne peut jamais être autre chose que l'être conscient, et l'être des hommes est leur processus de vie réel. Si, dans toute l'idéologie, les hommes et leur condition apparaissent la tête en bas[25] comme dans une *camera*[26] *obscura,* ce phénomène découle de leur processus de vie historique, tout comme l'inversion des objets sur la rétine[27] découle de leur processus de vie directement physique.

Contrairement à la philosophie allemande, qui descend du ciel sur la terre, on monte ici de la terre au ciel. C'est-à-dire, on ne part pas de ce que les hommes disent, s'imaginent, se représentent à leur sujet pour en arriver à l'homme en chair et en os[28] ; c'est à partir des hommes réellement actifs et de leur processus de vie réel que l'on montre le développement des reflets et des échos idéologiques de ce processus. Les élucubrations du cerveau humain sont, elles aussi, des sublimations nécessaires du processus matériel de leur vie, empiriquement constatable et lié à des conditions matérielles. Par conséquent, la morale, la religion, la métaphysique et tout le reste de l'idéologie, ainsi que les formes de conscience qui leur correspondent, ne conservent plus leur apparence d'autonomie[29]. Elles

24. Cf. Marx, *Manuscrits de 1844 :* « La religion, la famille, l'État, le droit, la morale, la science, l'art, etc., ne sont que des modes *particuliers* de la production et tombent sous sa loi générale. »

25. L'image du renversement qui consiste à « marcher pour une fois sur la tête » est une image due à Hegel, dans la Préface à la *Phénoménologie de l'esprit :* marcher sur la tête, c'est ce que fait la conscience naturelle lorsqu'elle se confie à la science…

26. Ce thème de l'inversion, du renversement, se retrouve à plusieurs reprises dans l'œuvre de Marx. Cf. *Le Capital* Livre III Chap. 48 : « Dans la formule capital-intérêt, terre-rente foncière, travail-salaire, dans cette trinité économique [...] c'est le monde enchanté et inversé, le monde à l'envers où *Monsieur le Capital* et *Madame la Terre,* à la fois caractères sociaux, mais en même temps simples choses, dansent leur ronde fantomatique. »

27. Engels reprendra cette image dans une de ses « lettres à Conrad Schmidt » (27 octobre 1890) : « Il en est des reflets économiques, politiques et autres, comme de ceux qui se produisent dans l'œil de l'homme : ils traversent une lentille et se présentent renversés sur la tête. Seulement le système nerveux manque, qui remet l'image sur ses pieds. L'homme du marché mondial ne voit les mouvements de l'industrie et du marché mondial que sous la forme renversée du marché monétaire et du marché des valeurs ; pour lui, l'effet devient alors la cause. »

28. Cette expression « en chair et en os » se trouve déjà dans Marx. *Manuscrits de 1844 :* « Quand l'homme réel, en chair et en os, campé sur la terre solide et bien ronde, l'*homme* qui aspire et expire toutes les forces de la nature, pose ses *forces essentielles*… »

29. Ce passage pourrait nourrir une interprétation mécaniste et réductrice, selon laquelle il n'y aurait pas d'action en retour des idées dans la structure sociale. Il y a ici l'affirmation prioritaire de la détermination par l'économie. Mais Engels soulignera plus tard avec insistance que la détermination « en dernière instance » par l'économie n'exclut pas l'autonomie relative ni même l'efficacité des idées. Cf. Textes *in fine* (Le marxisme n'est pas un économisme).

n'ont ni histoire, ni développement[30]; développant leur production et leur commerce matériels ce sont au contraire les hommes qui transforment, avec cette réalité qui leur est propre, et leur pensée et les produits de celle-ci[31]. Ce n'est pas la conscience qui détermine la vie, c'est la vie qui détermine la conscience. Dans la première façon de voir, on part de la conscience comme individu vivant; dans la seconde, qui correspond à la vie réelle, on part des individus eux-mêmes, réels et vivants, et on considère la conscience uniquement comme leur conscience (1).

Cette façon de voir ne va pas sans présupposés. Elle part de présupposés réels et ne les quitte pas un seul instant. Ses présuppositions, ce sont les hommes, non pas dans quelque isolement ou fixité imaginaires, mais dans leur développement réel, empiriquement constatable dans des conditions déterminées. Dès qu'on décrit ce processus d'activité vitale, l'histoire s'arrête d'être un ensemble de faits morts, comme chez les empiristes, eux-mêmes encore abstraits, ou une activité fictive de sujets fictifs, comme chez les idéalistes.

Là où cesse la spéculation, dans la vie réelle, commence donc la science positive et réelle, la description de l'activité pratique, du développement pratique des hommes. La phraséologie sur la conscience s'arrête et doit céder la place à un savoir réel. Par la description de la réalité, la philosophie autonome perd le milieu nécessaire à son existence[32]. Tout au plus peut-on lui substituer une synthèse des résultats les plus généraux. Ces résultats peuvent être abstraits de l'observation du développement historique des hommes. Détachées de l'histoire réelle, ces abstractions n'ont pas de valeur. Elles peuvent servir uniquement à faciliter le classement du matériel historique, à indiquer la succession des diverses stratifications. Contrairement à la philosophie, elles ne donnent nullement une recette ou un schéma permettant d'arranger les époques historiques. Au contraire, la difficulté[33] ne commence que là où l'on se met à l'étude et au classement de ce matériel,

< à la recherche du lien réel et pratique de ces diverses couches >

qu'il s'agisse d'une époque révolue ou du présent, et où l'on fait vraiment un exposé. La résolution de ces difficultés dépend de présuppositions impossibles à présenter ici,

(1) *Variante :* seulement comme la conscience de ces individus ayant une activité pratique.

30. Déjà dans les *Manuscrits de 1844* Marx indique : « Dans la *réalité,* le droit privé, la morale, la famille, la société civile, l'État, etc., demeurent, mais ils sont devenus des *moments,* des existences et des modes d'être de l'homme, qui n'ont pas de valeurs pris à part. »

31. Cf. Karl Marx, *Misère de la philosophie :* « Les mêmes hommes qui établissent les rapports sociaux conformément à leur productivité matérielle, produisent aussi les principes, les idées, les catégories, conformément à leurs rapports sociaux. »

32. Ce thème est repris et élargi par Friedrich Engels dans son *Ludwig Feuerbach :* « [La conception marxiste de l'histoire] met fin à la philosophie dans le domaine de l'histoire tout comme la conception dialectique de la nature rend aussi inutile qu'impossible toute philosophie de la nature. Partout il n'importe plus d'imaginer des enchaînements dans sa tête, mais de les découvrir dans les faits. A la philosophie chassée de la nature et de l'histoire, il ne reste plus alors que le domaine de la pensée pure, dans la mesure où celui-ci subsiste encore, à savoir la théorie des lois du processus même de la pensée, la logique et la dialectique. »

33. Quarante ans plus tard Friedrich Engels insiste encore, dans une lettre à Conrad Schmidt (5 août 1890), sur cette *difficulté.* « Notre conception de l'histoire est, avant tout, une méthode pour l'étude et non un moyen de construction à la manière des hégéliens. [...] Mais, au lieu de cela, la formule vide de matérialisme historique (on peut précisément faire de *tout* une formule vide) pour trop de jeunes allemands ne sert qu'à bricoler au plus vite [...] une construction systématique artificielle... »

car elles résultent de l'étude du processus de la vie réelle et de l'activité des individus de chaque époque. Nous relevons ici quelques-unes de ces abstractions que nous confrontons avec l'idéologie, et nous les expliquerons à l'aide d'exemples historiques.

< L'idée que ces saints philosophes et ces théologiens auraient provoqué la « dépendance de l'individu en écrivant quelques sottises sur l'esprit absolu, a été réfutée tant de fois dans *La Sainte Famille*. Comme si l'« individu », c'est-à-dire tout être humain perdait son indépendance pour se dissoudre ainsi réellement « dans l'Esprit absolu » dès que quelques boutiquiers de la spéculation philosophique – parvenus à ces extravagances philosophiques, non en vertu de la « dépendance de l'individu », mais à cause de leur situation sociale minable – racontaient ces bêtises à l'« individu » pour lui ordonner de se « dissoudre » immédiatement et sans ergoter « dans l'Esprit absolu » ! >

Naturellement, nous n'allons pas nous donner la peine (1) d'expliquer à nos sages philosophes qu'en dissolvant la philosophie, la théologie, la Substance et tout le fatras dans la « Conscience de soi », qu'en libérant « l'Homme » de la domination de ce verbiage dont il n'a jamais été l'esclave, ils n'ont pas fait progresser d'un pas son « émancipation » ; qu'il n'est pas possible d'obtenir une émancipation réelle autrement que dans le monde réel et avec des moyens réels (2), qu'on ne peut abolir l'esclavage sans la machine à vapeur[34] et le mule-jenny[35], ni le servage sans développer l'agriculture ; qu'on ne peut, en général, libérer les hommes tant qu'ils ne sont pas en mesure de se procurer nourriture et boisson, logement et habillement en qualité et en quantité complètes. L'« émancipation »[36] est un acte historique, ce n'est pas un acte intellectuel, et on l'obtient par des conditions historiques, par le développement de l'industrie, du commerce, de l'agriculture, de la circulation [...] (3) puis après coup, selon leurs divers degrés d'évolution, le non-sens tel que Substance, Sujet, Conscience de soi et Critique pure ainsi que le non-sens religieux et théologique dont ils se débarrassent ensuite quand ils auront assez évolué (4). Naturellement, dans un pays comme l'Allemagne où on assiste à

34. Le capitalisme a libéré l'humanité de l'esclavage en réalisant le rêve d'Aristote (Politique I, 2, 1253 b) : « Tout travailleur employé à titre d'assistant dans la production est comme un outil à la place de plusieurs autres. Si donc chaque outil pouvait, parce qu'il en a reçu l'ordre ou par capacité à prévoir l'ouvrage, accomplir sa propre opération, comme on le dit des statues de Dédale ou des trépieds d'Héphaïstos, dont le poète dit qu'ils se rendaient d'eux-mêmes à l'assemblée des dieux, alors les navettes fileraient d'elles-mêmes, et les plectres joueraient de la cithare, les chefs de travaux n'auraient pas besoin de subordonnés ni les maîtres d'esclaves. » Mais comme le note Karl Marx dans *Le Capital* (I, tome 2 chapitre XIV), le but de l'introduction des machines n'a jamais été d'alléger le labeur mais de maintenir le taux de profit.

35. *Mule* signifie ici hybride et *Jenny* est un terme anglais qu'on pourrait traduire par Jeannette. La Jenny est une machine à filer le coton dont le principe fut inventé par James Hargreaves (1710-1778), perfectionné par Richard Arkwright (1732-1792) et par Samuel Crompton (1753-1827). Ce dernier, en la combinant avec la *Water-Frame* de Thomas Highs, en fit la *mule-jenny* (1779). Constituée d'un chariot porte-broches mobile, cette machine est considérée comme l'ancêtre du métier à filer renvideur.

36. C'était en termes seulement intellectuels que Marx posait le problème quelques années plus tôt... Cf. Karl Marx, *Manuscrits de 1844* : « Le communisme pose le positif comme négation de la négation, il est donc le moment *réel* de l'émancipation et de la reprise de soi de l'homme. »

(1) Remarque marginale de Marx : *Feuerbach*.

(2) Remarque marginale de Marx : Libération philosophique et libération réelle – L'Homme, L'Unique, L'Individu – Conditions géologiques hydrographiques, etc. Les corps humains. Besoin, travail.

(3) Manuscrit abîmé.

(4) Remarque marginale de Marx : phraséologie et mouvement réel.

une évolution historique misérable[37], ces développements d'idées, ces vétilles aussi radieuses qu'inopérantes suppléent à l'absence des évolutions historiques ; ils s'attachent et doivent être combattus (1). Mais ce combat n'a qu'une importance locale (2).

> < Saint Bruno donne une « Caractéristique de Ludwig Feuerbach », c'est-à-dire une version revue et corrigée de l'article publié précédemment dans les *Nordeutsche Blätter.* Feuerbach y est fait chevalier de la « Substance » pour donner plus de relief à la « Conscience de soi » de Bauer. Depuis un certain temps, celui-ci se borne à dire généralement de tout et de tous qu'ils sont la « Substance ». Lors de cette transsubstantiation de Feuerbach, le saint homme passe des écrits de Feuerbach, en sautant pardessus Leibniz et Bayle, directement à l'*Essence du christianisme* (et sans parler de l'article contre la philosophie « positive » paru dans les *Hallische Jahrbücher.* Cet « oubli » vient « à propos ». Car face aux représentants « positifs » de la « Substance », Feuerbach y dévoilait toute la sagesse de la « Conscience de soi » à un moment où saint Bruno spéculait encore sur l'Immaculée Conception. > Paris, Éditions Sociales, 1968, p. 115-116.

[...] (3) en réalité, pour les matérialistes *pratiques,* c'est-à-dire pour les *communistes,* il s'agit de révolutionner le monde existant, d'aborder et de transformer *pratiquement* les choses données (4). Si on rencontre parfois chez Feuerbach des conceptions de ce genre, elles ne dépassent jamais le stade du pressentiment isolé, et elles ont trop peu d'influence sur sa conception générale pour qu'on puisse les prendre en considération autrement que comme germes susceptibles de développement[38]. La conception feuerbachienne (5) du monde sensible se limite, d'une part, à la simple contemplation du monde et, d'autre part, au simple sentiment[39]. Il dit « l'Homme » au lieu de « l'homme historique réel ». « L'Homme », en réalité, c'est « l'Allemand ». Dans le premier cas, celui de la contemplation du monde sensible, il se heurte nécessairement à des choses qui contredisent sa conscience et son sentiment, qui dérangent l'harmonie, par lui-même supposée, de toutes les parties du monde sensible, celle notamment de l'homme avec la nature. Pour éliminer ces choses, il doit

(1) Remarque marginale de Marx : importance des grands mots vides de sens pour l'Allemagne.

(2) Remarque marginale de Marx : le langage est langage de la réalité. *Variante* initiale : mais c'est un combat dont l'importance n'est pas historique ni universelle, mais seulement locale, combat qui n'apporte pas plus de résultats nouveaux à la masse des hommes que n'apporte le combat de la civilisation contre la barbarie.

(3) Les feuillets paginés par Marx 3, 4, 5, 6 et 7 manquent.

(4) Remarque marginale de Marx : *Feuerbach.*

(5) *Variante* initiale : « conception » théorique.

37. Marx, à plusieurs reprises dans *L'Idéologie allemande,* souligne le retard du développement de l'Allemagne. L'industrialisation est à peine naissante, la bourgeoisie est encore faible, le prolétariat quasi inexistant. Point d'histoire réelle, point de vie, à peine le mirage philosophique de quelque chose qui ailleurs est en marche.

38. Karl Marx fait référence d'une part à deux ouvrages de Ludwig Feuerbach (1804-1872) écrits dans sa « période hégélienne » : *Exposé, développement et critique de la philosophie de Leibniz* et *Pierre Bayle, une contribution à l'histoire de la philosophie de l'humanité* (1838), puis d'autre part à *Wesen des Christentums (L'Essence du christianisme)* publié en 1841. C'est dans ce livre, sans doute le plus important de Feuerbach qu'est développé le thème de « l'homme comme dieu pour l'homme ».
L'article de Feuerbach cité par Bruno Bauer « Zur Kritik der positiven Philosophie » (« A propos de la critique de la ''philosophie positive'' ») est paru anonymement, en 1930, dans la revue *Les Annales de Halle,* revue des « jeunes-hégéliens » dirigée par Arnold Ruge et Théodor Echtermeyer.

39. Cf. Ludwig Feuerbach, *Principes de la philosophie de l'avenir* (1843) : « 34. La philosophie nouvelle prend appui sur la *vérité de l'amour,* la *vérité du sentiment.* C'est dans l'amour, dans le sentiment en général que *chacun reconnaît la vérité de la philosophie nouvelle.* [...] [La philosophie nouvelle] est le cœur élevé à l'entendement. Le cœur ne veut pas des objets et des êtres abstraits, métaphysiques ou théologiques : il veut des *objets* et des *êtres réels, sensibles.* »

recourir à une double vision ; il oscille entre une vision consistant à n'apercevoir, que ce qui « tombe sous le sens » et une vision supérieure[40], philosophique, qui saisit la « vraie nature des choses » (1). Il ne voit pas que le monde sensible qui l'entoure n'est pas une chose donnée immédiatement et de toute éternité, toujours pareille à elle-même, mais le produit de l'industrie et de l'état de la société, et cela au sens de produit de l'histoire, de résultat de l'activité de toute une succession de générations (2) dont chacune, se hissant sur les épaules de la précédente, faisait progresser son industrie et son commerce pour modifier son ordre social en fonction du changement des besoins. Même les objets de la « certitude sensible »[41] la plus simple, il les reçoit par l'évolution sociale, l'industrie et les échanges commerciaux. On sait que, comme presque tous les arbres fruitiers, le cerisier a été transplanté dans nos régions par le *commerce,* il y a quelques siècles à peine, et c'est *grâce* à cette action d'une société déterminée à une époque déterminée, que Feuerbach a pu en avoir la « certitude sensible » (3).

D'ailleurs, dans cette conception qui voit les choses telles qu'elles sont réellement et telles qu'elles se sont produites réellement, tout problème philosophique profond se réduit tout simplement à un fait empirique, comme nous le montrerons encore plus clairement par la suite. Par exemple, l'importante question des rapports entre l'homme et la nature (ou, comme le dit Bruno (p. 110), les « oppositions dans la nature et dans l'histoire » (4), comme si c'étaient deux « choses » séparées, comme si l'homme n'avait pas toujours devant lui une nature historique et une histoire naturelle)[42], question qui a engendré tant d'« ouvrages inconcevablement sublimes » sur la « Substance » et la « Conscience de soi » se résout d'elle-même si l'on comprend que l'« unité de l'homme et de la nature », tant vantée, a existé de tout temps dans l'industrie ; qu'elle a existé autrement à chaque époque selon le développement plus ou moins grand de l'industrie, et qu'il en sera de même du « combat » de l'homme avec la nature jusqu'à ce que ses forces productives se développent sur une base correspondante. L'industrie et le commerce, la production

(1) Remarque marginale d'Engels : *N.B.* L'erreur de Feuerbach n'est pas de subordonner ce qui est visible à l'œil nu, l'*apparence* sensible, à la réalité sensible, constatée par un examen précis de l'état de choses sensible ; en dernière instance, son erreur est plutôt de ne pas venir à bout de cette réalité sans la considérer avec les « yeux », c'est-à-dire les « lunettes » du *philosophe*.

(2) *Variante* initiale : qu'elle est dans chaque époque historique le résultat de l'activité de toute une succession de générations.

(3) Remarque marginale de Marx : *Feuerbach.*

(4) Bruno Bauer, *Caractéristiques de Ludwig Feuerbach* in : *Wigand's Vierteljahrsschrift,* 1845, T. III.

40. Le thème de l'œil, du voir, lié à celui de la philosophie, est souvent présent dans les textes de Feuerbach. Cf. par exemple § 43 *Principes de la philosophie de l'avenir :* « La philosophie et la science en général ont donc pour tâche *non* de *s'éloigner* des choses *sensibles et réelles,* mais *d'aller à elles,* non de transformer les *objets* en *pensées* et en *représentations,* mais de rendre *visible,* c'est-à-dire *objectif,* ce que *l'œil ordinaire est incapable de voir.* »

41. Se mettant en scène dans une réponse à la polémique engagée contre lui par Stirner (*« L'Essence du christianisme » dans son rapport à « L'Unique et sa propriété »* 1845), Feuerbach écrit : « Pour lui [Feuerbach] seul le sensible est vérité, être et réalité. Mais as-tu jamais vu ni senti que cette eau-ci, ce feu-ci, ces étoiles-ci, ces pierres-ci, ces arbres-ci, ces bêtes-ci, ces hommes-ci : toujours des choses et des êtres absolument déterminés, *sensibles, individuels.* »

42. Cf. Marx, *Manuscrits de 1844 :* « [C'est seulement dans la société que la nature est pour l'homme] le *fondement* de sa propre existence *humaine.* Ce n'est que là que son existence *humaine* et que la nature est devenue pour lui l'homme. Donc, la société est l'achèvement de l'unité essentielle de l'homme avec la nature, la vraie résurrection de la nature, le naturalisme accompli de l'homme et l'humanisme accompli de la nature. »

et l'échange des produits nécessaires à la vie conditionnent de leur côté la distribution, la structure des différentes classes sociales et en sont à leur tour conditionnés dans leur mode de fonctionnement – voilà pourquoi Feuerbach ne voit, à Manchester par exemple, qu'usines et machines là où, il y a cent ans, on ne voyait que rouets et métiers à tisser, ou qu'il ne découvre, dans la campagne romaine, que des pâturages et des marais là où il n'aurait trouvé, du temps d'Auguste, que des vignobles et des villas de capitalistes romains (1). Feuerbach parle en particulier de la conception des sciences de la nature[43], évoquant des secrets qui ne se dévoilent qu'aux yeux du physicien et du chimiste. Mais où seraient les sciences de la nature sans l'industrie[44] ni le commerce? Car même ces sciences « pures » répondent à un objectif que leur assignent le commerce, l'industrie, l'activité matérielle des hommes, et elles en reçoivent leurs matériaux. Cette activité, ce labeur concret et cette création incessante, cette production est le fondement de tout ce monde matériel tel qu'il existe à présent au point que, si on l'interrompait, même une année, Feuerbach non seulement trouverait un énorme changement dans le monde naturel, mais il regretterait bien vite la disparition de l'humanité tout entière et de sa propre faculté de concevoir, voire de sa propre existence.

Il est vrai cependant que la priorité de la nature extérieure subsiste, il est vrai également que tout cela ne s'applique pas aux hommes primitifs engendrés par *generatio aequivoca;* mais cette distinction n'a de sens que dans la mesure où l'on considère l'homme comme distinct de la nature. D'ailleurs, la nature antérieure à l'histoire humaine n'est pas la nature dans laquelle vit Feuerbach ; une telle nature n'existe plus nulle part de nos jours sauf peut-être dans quelques atolls australiens de formation récente, elle n'existe donc pas davantage pour Feuerbach.

Par rapport aux matérialistes « purs », Feuerbach a, il est vrai, l'avantage d'admettre que l'homme est, lui aussi, un « objet sensible »[45] ; mais de même qu'il le voit uniquement comme « objet sensible » et non comme « activité sensible »[46], puisqu'il s'en tient là encore à la théorie et ne comprend pas les hommes dans leurs liens sociaux donnés, dans leurs conditions de vie présentes qui ont fait d'eux *ce* qu'ils sont ; de même il n'arrive jamais aux hommes actifs et existants réellement, car il s'en tient à une abstraction : « l'Homme » et ne parvient à reconnaître l'« homme réel, individuel, en chair et en os » que dans

(1) Remarque marginale de Marx : *Feuerbach.*

43. Ainsi Feuerbach dans les *Principes de la philosophie de l'avenir* (1843) écrit : « Le domaine des sciences de la nature dans son étendue quantitative ne peut être embrassé du regard, ni mesuré par un homme isolé. Qui est capable de compter à la fois les étoiles du ciel, et les muscles et les nerfs du corps de la chenille ? [...] Qui est capable d'observer à la fois les différences existant entre les sommets et les abîmes de la lune, et les différences existant entre les innombrables ammonites et térébratelles ? »

44. Karl Marx a déjà développé ce thème de l'articulation des sciences de la nature et de l'industrie dans les *Manuscrits de 1844 :* « Par le moyen de l'industrie, les sciences de la nature sont intervenues d'autant plus *pratiquement* dans la vie humaine et l'ont transformée et ont préparé l'émancipation humaine, bien qu'elles aient dû parachever la déshumanisation. *L'industrie* est le rapport historique *réel* de la nature, et par suite des sciences de la nature, avec l'homme. »

45. Cf. Ludwig Feuerbach, *Principes de la philosophie de l'avenir* (1843) : « 41. Les sens n'ont pas seulement pour objet des choses *extérieures. L'homme n'est donné à lui-même que par les sens :* il est objet pour lui-même en qualité d'objet des sens. L'identité du sujet et de l'objet qui n'est *que pensée abstraite dans la conscience de soi, ne devient vérité et réalité* que dans *l'intuition sensible que l'homme a de l'homme.* »

46. C'est en partie le reproche déjà formulé dans la Thèse : « Feuerbach, que ne satisfait pas la *pensée abstraite,* veut l'intuition ; mais il ne saisit pas le sensible en tant qu'activité sensible *pratique* de l'homme. »

le sentiment, c'est-à-dire qu'il ne connaît pas d'autres « rapports humains » « de l'homme avec l'homme » que ceux de l'amour et de l'amitié[47], le tout idéalisé (1). Il ne critique pas les conditions de vie actuelles. Par conséquent, ne parvenant jamais à concevoir le monde sensible comme la totalité de l'*activité* sensible et vivante des individus qui le composent, il est obligé – en voyant par exemple, au lieu d'hommes bien portants, une foule d'affamés, de scrofuleux surmenés et phtisiques – d'avoir recours à la « conception supérieure » et à la « compensation idéelle dans le genre » retombant ainsi dans l'idéalisme là où le matérialisme communiste voit la nécessité et en même temps la condition d'une transformation de l'industrie et de la structure sociale (2).

Dans la mesure où Feuerbach est matérialiste, l'histoire n'existe pas chez lui, et dans la mesure où il prend l'histoire en considération, il n'est pas matérialiste. Chez lui, matérialisme et histoire se séparent complètement, ce qui s'explique d'ailleurs par ce qui précède.

> < Si nous nous attardons ici plus longuement sur l'histoire, c'est parce que les Allemands ont l'habitude, quand ils entendent prononcer les mots « histoire » et « historique », de s'imaginer toutes sortes de choses sauf la réalité. En particulier saint Bruno, cet éloquent prédicateur, nous en fournit un brillant exemple. >

Ayant affaire aux Allemands sans prémisses, force nous est de constater d'entrée de jeu que la première condition de toute existence humaine, donc de toute histoire (3), c'est que les hommes doivent être en mesure de vivre pour être capables de « faire histoire » (4). Pour vivre, il faut avant tout manger et boire, se loger, se vêtir et bien d'autres choses encore[48]. Le premier acte historique c'est donc la production des moyens pour satisfaire ces besoins, la production de la vie matérielle elle-même[49]. C'est un acte historique, une condition fondamentale de toute histoire qu'on doit remplir jour par jour, heure par heure, aujourd'hui tout comme il y a des milliers d'années, simplement pour maintenir les hommes en vie[50]. Même si, comme saint Bruno, on réduit la réalité sensible à un simple bâton, au strict minimum, cette réalité suppose

(1) Remarque marginale de Marx : *Feuerbach.*
(2) Remarque marginale de Marx : *Feuerbach.*
(3) Remarque marginale de Marx : *Histoire.*
(4) Remarque marginale de Marx : *Hegel.* Conditions géologiques, hydrographiques, etc. Les corps humains. Besoin, travail.

47. Cf. Ludwig Feuerbach, *L'Essence du christianisme :* « L'amour pour l'homme ne peut pas être dérivé ; il doit être *originaire.* Alors seulement l'amour peut être une puissance *authentique, sacrée, sûre.* Si l'essence de l'homme est pour lui *l'essence suprême,* alors pratiquement la loi *suprême et première* doit être *l'amour de l'homme pour l'homme, Homo homini deus est* – tel est le principe pratique suprême – tel est le tournant de l'histoire mondiale. »

48. Dans son « Discours sur la tombe de Karl Marx » au cimetière d'Highgate, dans un quartier nord de Londres (17 mars 1883), Friedrich Engels reprendra terme pour terme ces expressions : « De même que Darwin a découvert la loi du développement de la nature organique, de même Marx a découvert la loi du développement de l'histoire humaine, c'est-à-dire ce fait élémentaire voilé sous un fatras idéologique, que les hommes, avant de pouvoir s'occuper de politique, de science, d'art, de religion, etc., doivent tout d'abord manger, boire, se loger et se vêtir ; que par suite [...]. »

49. Le travail, comme Engels et Marx l'indiquent un peu après, est ce par quoi est assurée la production de la vie (matérielle). Le travail est le lieu de l'échange entre l'homme et la nature. Cf. *Le Capital :* « En tant qu'activité utile en vue de l'appropriation des matières naturelles sous une forme ou sous une autre, le travail est la condition naturelle de l'existence de l'homme, la condition des échanges organiques entre l'homme et la nature, indépendante de toute forme sociale. »

50. Dans une formule assez semblable, Marx note dans *Le Capital :* « Aujourd'hui comme au premier jour de son apparition sur la scène du monde, l'homme est obligé de consommer avant de produire. »

l'activité productrice de ce bâton. Dans toute conception historique, la première règle est donc d'observer ce fait fondamental dans toute sa portée et toute son ampleur et de lui rendre justice. Comme chacun sait, les Allemands ne l'ont jamais fait : c'est pourquoi ils n'ont jamais eu de base *terrestre* pour l'histoire et, par conséquent, jamais d'histoire. Au contraire, les Français et les Anglais, même s'ils comprenaient trop partiellement le rapport de ce fait avec la prétendue histoire – particulièrement tant qu'ils étaient prisonniers de l'idéologie politique – n'ont pas moins fait les premières tentatives pour donner une base matérialiste à l'historiographie, en étant les premiers à écrire l'histoire de la société bourgeoise, celle du commerce et de l'industrie.

Le deuxième point c'est que la satisfaction du premier besoin lui-même, le geste de le satisfaire et l'instrument acquis à cette fin conduisent à de nouveaux besoins – et c'est la production de nouveaux besoins qui est le premier acte historique[51]. Ce qui montre aussitôt à quel genre d'esprit accède la grande sagesse historique des Allemands. Quand ils sont à court de matériaux positifs et qu'ils ne discutent pas d'absurdités théologiques, politiques ou littéraires, ils ne font pas revivre l'histoire mais l'« époque préhistorique »[52], sans nous expliquer comment passer de ce non-sens de la « préhistoire » à l'histoire proprement dite – bien que, de l'autre côté, leur spéculation historique s'intéresse particulièrement à cette « préhistoire », parce qu'elle s'y croit à l'abri des interventions du « fait brut » et aussi parce qu'elle peut y donner libre cours à sa pulsion spéculative, en émettant et en renversant les hypothèses par milliers.

La troisième relation qui intervient ici d'entrée de jeu dans le développement historique est que les êtres humains, qui recréent quotidiennement leur propre vie, commencent à créer d'autres êtres humains, à se reproduire ; c'est la relation entre l'homme et la femme, entre parents et enfants, c'est la famille. Au commencement seul support social, cette famille devient plus tard une institution subordonnée (sauf en Allemagne) quand l'accroissement des besoins crée des nouvelles relations sociales et que l'augmentation de la population engendre de nouveaux besoins. Il faut donc l'envisager et l'examiner en fonction des données empiriques existantes[53] et non pas en fonction du « concept de famille » comme on a coutume de le faire en Allemagne. D'ailleurs, il ne faut pas comprendre ces trois aspects de l'activité sociale comme trois stades différents, mais simplement comme trois aspects ou, pour employer un langage compris des Allemands, trois « moments » qui ont existé depuis le début de l'histoire et l'apparition des premiers hommes et qui, aujourd'hui encore, ont leur importance dans l'histoire.

51. La production matérielle ne produit pas seulement de quoi satisfaire les besoins, mais pour une part essentielle, les besoins eux-mêmes.

52. Le couple antinomique *histoire, préhistoire* est repris par Karl Marx, mais dans un tout autre sens dans la « Préface » à la *Contribution à la critique de l'économie politique* (1859) : « Les rapports de production bourgeois sont la dernière forme contradictoire du processus de production sociale [...], cependant les forces productives qui se développent au sein de la société bourgeoise créent en même temps les conditions matérielles pour résoudre cette contradiction. Avec cette formation sociale s'achève donc la préhistoire de la société humaine. »

53. C'est ce travail qu'entreprend Friedrich Engels dans *L'Origine de la famille, de la propriété privée et de l'État* (1884).

La production de la vie, aussi bien de sa propre vie par le travail que de la vie d'autrui par la procréation, apparaît à présent comme une relation double : naturelle et sociale ; en ce sens qu'il est question de la coopération de plusieurs individus, peu importe dans quelles conditions, de quelle manière et dans quel but. Il en résulte qu'un mode de production déterminé ou un stade industriel déterminé est toujours lié à un mode déterminé de coopération ou à un stade social déterminé, et ce mode de coopération est lui-même une « force productive ». Il en résulte également que la quantité de forces productives accessibles aux hommes détermine l'état de la société. C'est pourquoi « l'histoire de l'humanité » doit toujours être étudiée et traitée en rapport avec l'histoire de l'industrie et du commerce. Il est clair aussi qu'il est impossible en Allemagne d'écrire une telle histoire, puisque les Allemands, pour ce faire, n'ont ni le pouvoir d'appréhension ni les matériaux, ni la « certitude sensible », et également qu'outre-Rhin on ne peut faire d'expériences sur ces choses puisque l'histoire s'y est arrêtée. On voit donc dès le départ un rapport matérialiste entre les hommes, un rapport déterminé par les besoins et le mode de production et qui est aussi vieux que les hommes eux-mêmes – un rapport qui prend constamment des formes nouvelles, donc offre une « histoire » sans qu'existe quelque non-sens politique ou religieux spécialement pour rapprocher les hommes les uns des autres.

C'est à présent seulement, après avoir examiné quatre conditions, quatre aspects des rapports historiques primitifs, que nous découvrons que l'homme possède également une « conscience » (1). Mais là non plus il ne s'agit pas, d'entrée de jeu, de conscience « pure ». D'entrée de jeu, l'« esprit » vit sous la malédiction d'être « entaché » de la matière, qui apparaît ici sous la forme de couches d'air perturbées, de sons, bref sous la forme du langage. Le langage est aussi vieux que la conscience – il *est* la conscience[54] pratique, réelle, aussi présente pour les autres hommes que pour moi-même, et, tout comme la conscience, le langage naît du besoin, de la nécessité du commerce avec d'autres hommes.

< Ma conscience est mon rapport avec mon milieu. >

Là où il y a rapport, il existe pour moi, alors que l'animal ne se « rapporte » à rien et n'a absolument aucun rap-

54. Dans un chapitre ultérieur de *L'Idéologie allemande,* Marx fait également référence au langage : « Une des tâches les plus difficiles pour les philosophes, c'est de descendre du monde de la pensée dans le monde du réel. La réalité immédiate de la pensée, c'est le *langage.* De même que les philosophes ont érigé le penser en sujet indépendant, de même il leur a fallu ériger le langage en un royaume indépendant. Voilà le secret du langage philosophique où les pensées possèdent, en tant que mots, un contenu qui leur est propre. Le problème de descendre du monde des pensées dans le monde réel se change en cet autre problème : sortir du langage pour descendre dans la vie. »

(1) Remarque marginale de Marx : les hommes ont une histoire parce qu'ils doivent *produire* leur vie, nécessité qu'ils accomplissent d'une façon *déterminée :* ils sont tributaires de leur organisation physique, tout comme de leur conscience.
Variante initiale : nous découvrons que l'homme possède entre autres choses de l'« esprit » et que cet « esprit » se « manifeste » en tant que « conscience ».

port. Pour l'animal, ses rapports avec les autres animaux n'existent pas en tant que rapports. Par conséquent, la conscience est, dès le départ, un produit social et le restera tant qu'il y aura des hommes. Naturellement la conscience n'est d'abord que la conscience du milieu sensible *immédiat* et la conscience d'un lien restreint avec d'autres personnes et d'autres choses extérieures à l'individu qui prend conscience de lui-même; elle est en même temps la conscience de la nature, qui, au début, s'oppose aux hommes comme une puissance tout à fait étrangère, toute-puissante et inattaquable, envers laquelle les hommes ont un comportement purement animal et qui leur en impose comme à du bétail ; c'est donc la conscience purement animale de la nature (religion de la nature) (1), et d'autre part la conscience de la nécessité d'entrer en contact avec les individus autour, le commencement de la conscience du fait de vivre en société. Ce commencement est aussi animal que l'est, à ce stade, la vie sociale, c'est une pure conscience grégaire, et l'homme se distingue ici du mouton par le seul fait que sa conscience remplace l'instinct ou que son instinct est un instinct conscient. Cette conscience moutonnière ou tribale continue à se développer et à grandir à mesure que s'accroît la productivité, que se multiplient les besoins et qu'augmente la population qui est à l'origine des deux phénomènes. Ainsi se développe la division du travail qui primitivement n'était rien d'autre que la division du travail dans l'acte sexuel[55] ; puis la division du travail qui se fait d'elle-même ou « spontanément » en vertu des dispositions naturelles (force physique, par exemple), du hasard, etc. (2). La division du travail ne devient réellement division qu'à partir du moment où intervient la division du travail matériel et du travail intellectuel (3). A partir de ce moment, la conscience *peut* vraiment s'imaginer qu'elle est autre chose que la conscience de la pratique établie et qu'elle représente réellement quelque chose sans représenter quelque chose de réel – à partir de ce moment, la conscience est en mesure de s'émanciper du monde et de passer à la formation de la théorie « pure » : théologie, philosophie, morale, etc. Mais même si cette théorie, cette

55. Cf. Karl Marx, *Le Capital* Livre I Chap. XIV : « Dans une famille, et dans la famille élargie, la tribu, une division spontanée de travail se greffe sur les différences d'âge et de sexe, c'est-à-dire sur une base purement physiologique. »

(1) Remarque marginale de Marx : il est évident que cette religion naturelle, ou ce comportement déterminé envers la nature, est conditionnée par la forme de la société et *vice versa*. Ici comme partout ailleurs, l'identité de la nature et de l'homme se manifeste aussi dans le fait que le comportement borné des hommes envers la nature conditionne leur comportement borné entre eux et, inversement, leur comportement borné entre eux conditionne leurs rapports bornés avec la nature. En effet, la nature n'est encore guère modifiée par l'histoire.

(2) Remarque marginale de Marx : les hommes développent la conscience au sein du développement historique réel.

(3) Remarque marginale de Marx : à cela correspond le premier type des idéologues, les *prêtres*.

théologie, cette philosophie, cette morale, etc., entrent en conflit avec les conditions existantes, ce conflit ne peut se produire que parce que les conditions sociales existantes sont entrées en conflit avec la force productive existante – cela ne peut d'ailleurs se produire que parce que les conditions sociales existantes sont entrées en conflit avec la force productive existante[56] – cela peut d'ailleurs se produire dans un cadre national bien déterminé quand le conflit apparaît, non dans ce cadre national, mais entre cette conscience nationale et la pratique des autres nations, c'est-à-dire entre la conscience nationale et la conscience universelle d'une nation (commme c'est le cas en ce moment en Allemagne) (1) et quand ce conflit n'apparaît à cette nation que comme un conflit à l'intérieur de la conscience nationale, si bien que la lutte semble se limiter à l'ordure nationale, précisément parce que cette nation est l'ordure en soi et pour soi. D'ailleurs, ce que la conscience entreprend seule n'a aucune espèce d'importance. De toute cette pourriture nous ne retiendrons que le fait que ces trois facteurs, la force productive, l'état social et la conscience, peuvent et doivent entrer en conflit parce qu'avec la *division du travail* il devient possible, voire réel que l'activité spirituelle et l'activité matérielle,

< activité et pensée, c'est-à-dire activité sans pensée et pensée sans activité >

que la jouissance et le travail, que la production et la consommation reviennent à des individus distincts. Ce conflit qui les menace ne peut être évité qu'en abolissant une fois de plus la division du travail. D'ailleurs, il va de soi que les « fantômes », les « liens », les « êtres supérieurs », le « concept », les « scrupules »[57] ne sont que l'expression idéaliste, spéculative et sacrée, la représentation apparente de l'individu isolé, la représentation de chaînes et de barrières tout à fait empiriques à l'intérieur desquelles le mode de production de la vie évolue avec sa forme d'échanges.

< Cette expression idéaliste de barrières économiques existantes n'est pas seulement théorique, mais on la rencontre aussi dans la conscience pratique, c'est-à-dire lorsqu'elle s'émancipe et entre en conflit avec le mode de production existant, la conscience n'engendre pas seulement des religions et des philosophies, mais également des États. >

Établie sur la division naturelle du travail dans la famille et sur la séparation de la société en familles isolées oppo-

56. Cf. Karl Marx, *Préface à la critique de l'économie politique* (1859). « A un certain stade de leur développement, les forces productives matérielles de la société entrent en contradiction avec les rapports de production existants, ou ce qui n'en est que l'expression juridique, avec les rapports de propriété au sein desquelles elles s'étaient mues jusqu'alors. De formes de développement des forces productives qu'ils étaient, ces rapports en deviennent des entraves, alors s'ouvre une époque de révolution sociale. »

57. Ces termes, mis ironiquement entre guillemets, renvoient au vocabulaire à la mode chez les « jeunes-hégéliens » et plus particulièrement à celui de Max Stirner. Par exemple : « L'esprit c'est la *première* découverte de soi, la première dédivinisation du divin, c'est-à-dire de l'inquiétant, des spectres, des "puissances supérieures." » *L'Unique et sa propriété* 1845.

(1) Remarque marginale de Marx : *Religion*. Les Allemands avec *l'idéologie* en tant que telle.

sées les unes aux autres, la division du travail, avec toutes ses contradictions, implique en même temps la répartition du travail et de ses produits, répartition *inégale,* tant en quantité qu'en qualité, implique donc la propriété dont le germe, la première forme, se trouve dans la famille où la femme et les enfants sont les esclaves de l'homme[58]. Encore très rudimentaire et latent dans la famille, l'esclavage est la première propriété : celle-ci correspond d'ailleurs parfaitement à la définition de l'économie moderne selon laquelle elle consiste à disposer de la force de travail d'autrui. Du reste, division du travail et propriété privée sont des expressions identiques – l'une exprime par rapport à l'activité ce que l'autre exprime par rapport au produit de cette activité.

De plus, la division du travail engendre en même temps la contradiction entre l'intérêt de chaque individu ou de chaque famille et l'intérêt commun de tous les individus qui sont en relation entre eux ; cet intérêt commun n'existe pas seulement dans l'imagination, en tant qu'« intérêt général », mais en premier lieu, dans la réalité, en tant que dépendance mutuelle des individus entre lesquels le travail est divisé.

C'est précisément à cause de cette contradiction entre l'intérêt particulier et l'intérêt commun que l'intérêt commun prend, en tant qu'*État,* une force autonome[59], séparée des intérêts réels, individuels et collectifs, en même temps qu'il fait figure de communauté illusoire[60], mais toujours sur la base réelle des liens existant dans tous les conglomérats familiaux et tribaux, tels que consanguinité, langage, division du travail à une plus grande échelle et d'autres intérêts ; particulièrement, comme nous le montrerons plus loin, sur la base des classes déjà conditionnées par la division du travail, lesquelles se détachent dans tout conglomérat humain de ce genre et dont l'une domine toutes les autres. Il s'ensuit que toutes les luttes à l'intérieur de l'État, la lutte entre la démocratie, l'aristocratie et la monarchie, la lutte pour le droit de vote, etc., ne sont que les formes illusoires – le général étant la forme illusoire du communautaire – sous lesquelles les différentes classent mènent leurs luttes réelles entre elles (ce dont les théoriciens allemands n'ont pas la moindre idée ; pourtant les *Annales franco-allemandes*[61] et *La Sainte Famille*[62] y sont

58. La question des rapports entre la femme et l'homme est posée en termes généraux par Marx dans *La Sainte Famille.* Marx y reprend des citations de Fourier : « Le changement qui s'opère au cours des périodes historiques est conditionné par le progrès des femmes vers la liberté, car c'est là, dans le rapport de la femme avec l'homme, du faible avec le fort, qu'apparaît avec le plus d'évidence la victoire de la nature humaine sur la brutalité. Le degré d'émancipation de la femme est la mesure naturelle de l'émancipation générale. »

59. Dans le fragment de la version primitive de *La Contribution à la critique de l'économie politique* (1858), Marx définit l'État comme « puissance devenue autonome de la société ».

60. Cf. Friedrich Engels, *Ludwig Feuerbach et la fin de la philosophie classique allemande* (1886) : « L'État s'offre à nous comme la première puissance idéologique sur l'homme. La société se crée un organisme en vue de la défense de ses intérêts communs contre les attaques intérieures et extérieures. Cet organisme est le pouvoir d'État. A peine né, il se rend indépendant de la société, et cela d'autant plus qu'il devient davantage l'organisme d'une certaine classe, qu'il fait prévaloir directement la domination de cette classe. »

61. En février 1844, paraissent à Paris et en allemand le premier numéro des *deutsch-französische Jahrbücher* (Annales franco-allemandes) dont Arnold Ruge et Karl Marx sont les administrateurs. Ce numéro double (et unique) contient de Karl Marx « La question juive » (texte polémique dirigé contre Bruno Bauer) et seulement « L'Introduction » de la *Contribution à la critique de la philosophie du droit de Hegel.*
De Friedrich Engels, paraissent « Esquisse d'une critique de l'économie nationale » et « La situation en Angleterre. Thomas Carlyle. Le passé et le présent ».
Le poète Henri Heine (« Chants en l'honneur du roi Louis »), Georg Herwegh (« Trahison ») et Moses Hess (« Lettres de Paris ») y sont également contributeurs.
La revue cessera de paraître en raison du différend idéologique qui oppose Ruge et Marx.

62. Fin février 1845, paraît chez l'éditeur J. Rütten à Francfort-sur-le-Main : Friedrich Engels et Karl Marx,

une initiation suffisante) ; il s'ensuit également que toute classe aspirant à la domination – même si cette domination nécessite, comme c'est le cas pour le prolétariat, le dépassement de toute l'ancienne forme sociale et de la domination en général – doit d'abord conquérir le pouvoir politique[63] pour présenter, à son tour, son intérêt propre comme l'intérêt général, ce à quoi elle est obligée dans le premier temps.

Précisément parce que les individus défendent *uniquement* leur intérêt particulier, qui, à leurs yeux, ne coïncide pas avec leur intérêt commun[64] – ce dernier est présenté comme un intérêt « général » qui leur est « étranger », qui est « indépendant » d'eux, et qui est lui-même un intérêt « général », particulier et original ; ou bien ils doivent eux-mêmes évoluer dans cette dualité, comme c'est le cas dans la démocratie. D'un autre côté, la lutte *pratique* de ces intérêts particuliers en permanence opposés aux intérêts communs, réels ou illusoires, rend nécessaire intervention et refrènement *pratique* par l'intérêt « général » illusoire sous forme d'État.

Et enfin – la division du travail nous en offre tout de suite le premier exemple – l'action propre de l'homme devient pour l'homme une puissance étrangère, opposée, qui l'asservit, au lieu que ce soit lui qui la maîtrise, tant que les hommes se trouvent dans la société naturelle, donc tant que subsiste la scission entre intérêt particulier et intérêt commun, et que l'activité n'est pas divisée volontairement mais du fait de la nature. Dès l'instant où l'on commence à répartir le travail, chacun a une sphère d'activités déterminée et exclusive qu'on lui impose et dont il ne peut s'évader ; il est chasseur, pêcheur, berger ou « critique critique », et il doit le rester sous peine de perdre les moyens de subsistance – alors que dans la société communiste, où chacun, au lieu d'avoir une sphère d'activités exclusive, peut se former dans la branche qui lui plaît ; c'est la société qui dirige la production générale qui me permet ainsi de faire aujourd'hui ceci, demain cela, de chasser le matin, d'aller à la pêche l'après-midi, de faire l'élevage le soir et de critiquer après le repas, selon mon bon plaisir, sans jamais devenir chasseur, pêcheur ou critique. Cette fixation de l'activité sociale, cette consolidation de notre propre produit en une puissance matérielle qui nous domine, qui échappe à notre contrôle, qui contrarie nos espoirs et qui détruit nos calculs, est l'un des moments principaux du développement historique passé.

< et dans la propriété qui initialement est une institution instaurée par les hommes eux-mêmes, donne bientôt à la société une tournure propre, nullement voulue

Die heilige Familie oder Kritik der kritischen Kritik gegen Bruno Bauer und Consorten (La Sainte Famille ou Critique de la Critique critique, contre Bruno Bauer et consorts). Le livre – première œuvre commune de Marx et d'Engels – est dirigé comme son sous-titre l'indique contre le courant des « jeunes-hégéliens ». C'est en cours d'impression que Marx lui donne son titre définitif.

63. Cf. Marx, Engels, *Manifeste du parti communiste* : « Le prolétariat se servira de sa suprématie politique pour arracher peu à peu à la bourgeoisie tout capital, pour centraliser tous les instruments de production entre les mains de l'État, c'est-à-dire du prolétariat organisé en classe dominante et pour augmenter au plus vite la masse des forces productives. »

64. Il y a même le plus souvent contradiction entre l'intérêt particulier et l'intérêt général. Cf. Hegel, *La Raison dans l'Histoire* : « Dans l'histoire universelle, il résulte des actions des hommes quelque chose d'autre que ce qu'ils ont projeté ou atteint, que ce qu'ils savent et veulent immédiatement. Ils réalisent leurs intérêts, mais il se produit en même temps quelque autre chose qui y est caché, dont leur conscience ne se rendait pas compte et qui n'entrait pas dans leurs vues. »

par ses auteurs, évidente pour quiconque n'est pas prisonnier de la « Conscience de soi » ou de l'« Unique. » >

La puissance sociale, c'est-à-dire la force productive décuplée résultant de la coopération imposée aux divers individus – dont la coopération n'est pas volontaire mais naturelle – non pas comme leur propre puissance conjuguée, mais comme une puissance étrangère, située en dehors d'eux dont ils ne connaissent ni la provenance ni la destination, si bien qu'ils n'arrivent plus à la dominer. Au contraire, cette puissance traverse une série de phases et de stades particuliers, série indépendante de la volonté et de la marche des hommes au point qu'elle dirige cette volonté et cette marche.

Naturellement, cette *aliénation*[65], pour rester intelligible à nos philosophes[66], ne peut être surmontée qu'à double condition *pratique*. Pour qu'elle devienne une puissance « insupportable », c'est-à-dire une puissance contre laquelle on se révolte, il faut qu'elle ait engendré des masses d'hommes dénuées de tout. Il faut, en même temps, que cette humanité vive en conflit avec un monde existant de richesse et de culture, ce qui suppose un accroissement considérable de la force productive, un haut degré de son développement. D'un autre côté, ce développement des forces productives (qui implique que l'existence empirique se passe au niveau de l'*histoire universelle* au lieu de se passer au niveau de la vie sociale[67]) est une condition pratique absolument nécessaire parce que, sans elle, la *pénurie* et la misère se généraliseraient, et avec la *misère*, la lutte pour le nécessaire recommencerait et on retomberait fatalement dans la vieille pourriture. En effet, c'est grâce à ce seul développement universel des forces productives que peut s'établir un *commerce* universel[68] entre les hommes engendrant ainsi le phénomène de la masse « sans propriété » simultanément chez tous les peuples (concurrence généralisée) et faisant dépendre chaque peuple des bouleversements qui se produisent chez les autres. Ce développement a remplacé les individus vivant au niveau local par des individus concrets, universels, vivant au niveau de l'*his-*

65. L'analyse de « l'aliénation » *(Entfremdung)* a été initialement et longuement développée par Karl Marx dans différents cahiers des *Manuscrits de 1844* (cf. Éditions Sociales 1972 pp. 57 sq.). « L'objet que le travail produit, son produit, affronte l'ouvrier comme un *être étranger*, comme une *puissance indépendante* du producteur. Le produit du travail est le travail qui s'est fixé, concrétisé dans un objet, il est *l'objectivation du travail*. L'actualisation du travail est son objectivation. Au stade de l'économie, cette actualisation du travail apparaît comme la *perte* pour l'ouvrier *de sa réalité*, l'objectivation comme *la perte de l'objet ou l'asservissement* à celui-ci, l'appropriation comme l'*aliénation*, le *déssaisissement*. »

66. Si la notion d'aliénation dans sa tournure philosophique est au centre des *Manuscrits de 1844*, c'est au contraire la notion historique de *division du travail* qui est au centre de *L'Idéologie*. La division du travail permet de saisir comment les forces productives et les rapports sociaux se détachent des hommes et prennent la forme de puissances étrangères qui les écrasent au lieu qu'ils les dominent.

67. Cf. Hegel, *Principes de la philosophie du droit :* « Par l'universalisation de la solidarité des hommes, par leurs besoins et les techniques qui permettent de les satisfaire, l'accumulation des richesses augmente d'une part, car cette double universalité produit les plus grands gains, mais d'autre part, le morcellement et la limitation du travail particulier et, par suite, la dépendance et la détresse de la classe attachée à ce travail augmentent aussi, en même temps l'incapacité de sentir et de jouir des autres facultés, particulièrement des avantages spirituels de la société civile. »

68. Le *Manifeste du parti communiste* (1848) impute à la bourgeoisie la destruction du *local* au profit de *l'universel :* « A la place de l'isolement d'autrefois des régions et des nations se suffisant à elles-mêmes, se développent des relations universelles, une interdépendance universelle des nations. »

toire universelle. Sans cela 1° le communisme ne pourrait avoir qu'une existence locale ; 2° les *puissances* de l'échange n'auraient pu devenir des puissances *universelles,* donc insupportables, elles seraient restées les « circonstances » de la superstition locale, et 3° toute extension du commerce supprimerait le communisme local. Le communisme n'est concrètement possible que comme l'acte accompli « d'un seul coup » et simultanément par les peuples dominants, ce qui suppose le développement universel des forces productives et du commerce mondial qui se rattache au communisme.

Pour cela, le communisme n'est pas pour nous un *état de choses* à créer, ni un *idéal* auquel la réalité devra se conformer. Nous appelons communisme le mouvement *réel*[69] qui dépasse l'état actuel des choses[70]. Les conditions de ce mouvement

> < doivent être appréciées en tenant compte de la réalité matérielle >

résultent des prémisses actuelles.

D'ailleurs, la masse des ouvriers *qui ne sont qu'ouvriers* – force de travail en masse, coupée du capital ou privée de la moindre satisfaction – suppose le *marché mondial,* de même que le suppose, fait de la concurrence, la perte, non plus temporaire, du travail en tant que source assurée de l'existence. Le prolétariat

> < présuppose donc que l'histoire universelle ait une existence empirique *pratique* >

ne peut donc exister en dehors de l'*histoire universelle,* de même que le communisme, qui en est l'action, ne peut avoir une existence en dehors de « l'histoire universelle »[71] ; esistence des individus dans l'histoire universelle, c'est-à-dire existence des individus, se rattachant immédiatement à l'histoire universelle.

Comment autrement la propriété, par exemple, aurait-elle pu avoir une histoire et prendre différentes formes ? Et comment la propriété foncière aurait-elle pu passer, suivant la différente des conditions, en France, du morcellement à la centralisation entre peu de mains, et, en Angleterre, de la centralisation entre peu de mains au morcellement, comme c'est effectivement le cas aujourd'hui ? Ou encore, comment se fait-il que le commerce, qui n'est rien d'autre que l'échange des produits d'individus et de pays différents, domine le monde entier par la loi de l'offre et de la demande, loi qui, aux dires d'un économiste anglais, plane, telle l'antique fatalité, audessus de la terre, et d'une main invisible, distribue bon-

69. Cf. Karl Marx, Friedrich Engels, *Manifeste du parti communiste :* « Les thèses des communistes ne reposent nullement sur des idées, des principes inventés ou découverts par tel ou tel réformateur du monde. Elles ne sont que l'expression générale des conditions réelles d'une lutte de classe existante, d'un mouvement historique qui s'opère sous nos yeux. »

70. Dans les *Manuscrits de 1844,* Marx voyait dans le communisme la fin de l'aliénation, la libération de tous les hommes. « Le communisme est *appropriation* réelle de l'essence *humaine* par l'homme et pour l'homme ; donc retour total de l'homme pour soi en tant qu'homme *social.* » (Éd. Sociales, p. 87.)

71. L'articulation de la notion de communisme à celle d'histoire universelle se rattache à une vision hégélienne. La rupture de Marx d'avec la philosophie spéculative n'empêche pas la filiation. Ce que repère bien le poète Henri Heine (1797-1856) : « Les chefs plus ou moins occultes des communistes allemands sont de grands logiciens, dont les plus forts sont sortis de l'école de Hegel, et ce sont sans nul doute les têtes les plus capables et les caractères les plus énergiques de l'Allemagne. Ces docteurs en révolution et leurs disciples à l'impitoyable détermination sont en Allemagne les seuls hommes que la vie habite et c'est à eux qu'appartient l'avenir. » (*Aveux* 1853-1854).

heur et malheur aux hommes, fait et défait des empires, fait naître et disparaître les peuples ? En abolissant le fondement, la propriété privée, en instaurant l'organisation de la production, qui supprime la « distance » qui sépare l'homme de son propre produit, la puissance de la loi de l'offre et de la demande se volatilise et les hommes contrôlent de nouveau les échanges, la production, la façon de se comporter les uns envers les autres.

La forme d'échange, déterminée à tous les stades de l'histoire par les forces productives disponibles et les déterminant à leur tour, c'est la *société civile*[72] qui, comme il ressort de ce qui précède, a pour condition et pour fondement la famille simple et la famille composée, ce qu'on appelle le clan, et dont les définitions précises ont déjà été données ci-dessus. On comprend dès à présent que cette société civile est le véritable foyer et le véritable théâtre de toute histoire[73], et combien est absurde la conception de l'histoire qui néglige les rapports réels en se limitant aux affaires politiques retentissantes.

Jusqu'ici, nous avons considéré principalement un seul côté de l'activité humaine, l'*action* des hommes *sur la nature*. L'autre côté, *l'action des hommes sur les hommes* (1).

Origine de l'État et rapport de l'État à la société civile.

L'histoire n'est rien d'autre que la succession des générations[74] dont chacune exploite les matériaux, les capitaux, les forces productives légués par toutes les générations précédentes[75] ; c'est pourquoi chaque génération continue, d'une part, l'activité transmise dans des circonstances changées, et, d'autre part, elle modifie les anciennes circonstances par une activité complètement différente ; ce qu'on peut spéculativement déformer en faisant croire

72. Ce thème est repris par Engels dans *Ludwig Feuerbach :* « L'État, le régime politique, est donc l'élément secondaire, et la société civile, le domaine des relations économiques, l'élément décisif. »

73. Dans son *Encyclopédie des sciences philosophiques en abrégé* (1817), Hegel subdivise la « philosophie de l'esprit » en trois sections : 1 : l'esprit subjectif ; 2 : l'esprit objectif ; 3 : l'esprit absolu. L'esprit objectif se divise en *droit, moralité* et *bonnes mœurs*. Les bonnes mœurs, c'est « l'accomplissement de l'esprit objectif », selon trois moments : la famille, la société civile, l'État. Quant à l'esprit absolu, ses moments sont l'art, la religion, la philosophie.
C'est, en quelque sorte, l'horizon conceptuel dont part Karl Marx qui opère lui aussi la distinction famille, société civile et État, « au-dessus de quoi » est placé ce qui est de l'ordre de l'idéologie : l'art, la religion, la philosophie.

74. Dans « *Le Dix-huit Brumaire de Louis Bonaparte* » (1852), Karl Marx reprenant cette idée de l'histoire comme succession des générations souligne aussi le poids de la tradition : « Les hommes font leur propre histoire, mais ils ne la font pas arbitrairement, dans les conditions choisies par eux, mais dans des conditions directement données et héritées du passé. La tradition de toutes les générations mortes pèse d'un poids très lourd sur le cerveau des vivants. Et même quand ils semblent occupés à se transformer, eux et les choses, à créer quelque chose de tout à fait nouveau, c'est précisément à ces époques de crise révolutionnaire qu'ils évoquent craintivement les esprits du passé, qu'ils leur empruntent leurs noms, leurs mots d'ordre, leurs costumes, pour apparaître sur la nouvelle scène de l'histoire sous ce déguisement respectable et avec ce langage emprunté. » (Éditions Sociales, p. 15.)

75. Cf. Hegel : « Introduction » à *Histoire de la philosophie :* « Ce que nous sommes historiquement, la propriété qui nous appartient à nous, au monde actuel, ne s'est pas produit spontanément, n'est pas sorti seulement de la condition présente, mais c'est l'héritage et le résultat du labeur de toutes les générations antérieures du genre humain. [...] Parce qu'elle est vitalité, activité spirituelle, [chaque génération] travaille ce qu'elle n'a eu qu'à recevoir et la matière ainsi travaillée n'en est devenue que plus riche. »

(1) Remarque marginale de Marx : commerce et force productive.

que l'histoire ultérieure est le but de l'histoire antérieure[76] ; ainsi par exemple on attribue à la découverte de l'Amérique le but d'aider la Révolution française à se produire. De la sorte, on assigne à l'histoire ses buts particuliers pour en faire une « personne parmi des personnes »[77] (telles que « Conscience de soi », « Critique », « Unique », etc.), alors que ce qu'on désigne par les termes « destination », « fin », « germe », « idée », de l'histoire antérieure n'est rien d'autre qu'une abstraction de l'histoire ultérieure, une abstraction de l'influence active qu'exerce l'histoire passée sur l'histoire récente (1).

Or, plus les diverses sphères qui agissent les unes sur les autres s'étendent au cours de ce développement, plus l'isolement primitif des diverses nationalités est détruit par le mode de production développé, par le commerce et la division du travail entre les diverses nations, qui en est le résultat spontané et plus l'histoire se transforme en histoire universelle, si bien que, lorsqu'on invente en Angleterre par exemple une machine qui fait perdre leur emploi à d'innombrables ouvriers en Inde et en Chine[78], en bouleversant tout le mode d'existence de ces empires, cette invention devient un fait de l'histoire universelle. Pareillement, le sucre et le café ont montré au XIXe siècle leur importance pour l'histoire universelle par le fait que la pénurie de ces produits à la suite du blocus continental de Napoléon a incité les Allemands à se soulever contre l'Empereur pour devenir le fondement réel des glorieuses guerres de libération de 1813. Il s'ensuit que cette transformation de l'histoire en histoire universelle n'est nullement un simple acte abstrait de la « Conscience de soi », de l'« Esprit du monde » ou d'un quelconque autre fantôme métaphysique, mais un acte très matériel, empiriquement vérifiable, un acte dont chaque individu fournit la preuve par sa façon de manger, de boire et de se vêtir.

< Saint Max Stirner porte lui-même sur son dos l'histoire universelle, et la mange et la boit tous les jours comme autrefois le corps et le sang de Notre-Seigneur Jésus-Christ, et l'histoire universelle à son tour le produit journellement, lui, l'Unique, qui est son propre produit, puisqu'il doit manger, boire et se vêtir ; les citations dans l'Unique, etc., tout comme la polémique de saint Max contre Hess et d'autres personnes éloignées, démontrent qu'il est sur le plan spirituel aussi le produit de l'histoire universelle. Par conséquent, dans l'« histoire universelle », les individus sont tout autant les mêmes « propriétaires » que dans n'importe quelle « association » stirnérienne d'étudiants et de couturières indépendantes. >

(1) *Variante* initiale : rien d'autre qu'une abstraction tirée de l'histoire ultérieure, tirée du résultat et du produit des phénomènes dans lesquels on cherche précisément ces secrets.

76. Cette critique se retrouve dans *Misère de la philosophie :* « Certes, la tendance à l'égalité appartient à notre siècle. Dire maintenant que tous les siècles antérieurs, avec des besoins, des moyens de production, etc., tout à fait différents travaillaient providentiellement à la réalisation de l'égalité, c'est d'abord substituer les moyens et les hommes de notre siècle aux hommes et aux moyens des siècles antérieurs, et méconnaître le mouvement historique par lequel les générations successives transformaient les résultats acquis des générations qui les précédaient. »

77. Cf. Karl Marx, *La Sainte Famille :* « L'*histoire* ne fait rien, elle "ne possède pas de richesse énorme", elle "ne livre pas de combats" ! C'est au contraire l'homme, l'homme réel et vivant qui fait tout cela, [...] ; ce n'est pas "l'histoire" qui se sert de l'homme comme moyen pour réaliser, – comme si elle était une personne à part, – ses fins à elle ; elle n'est que l'activité de l'homme qui poursuit ses fins à lui. » (Éd. Sociales, p. 116.)

78. Cette idée est reprise par Engels dans les *Principes du communisme* (1847) : « On en est arrivé au point où l'invention d'une nouvelle machine en Angleterre peut, en l'espace d'une année, réduire à la famine des millions de travailleurs chinois. »

Certes, c'est tout autant un fait empirique de l'histoire passée qu'avec l'extension des activités au niveau de l'histoire universelle, les individus ont été de plus en plus asservis à une puissance qui leur est étrangère (oppression qu'ils prenaient pour une brimade du prétendu esprit du monde[79], etc.), à une puissance qui est devenue de plus en plus massive pour finalement se révéler être un *marché mondial*[80]. Mais il est tout aussi fondé empiriquement qu'après le bouleversement de l'état social existant par la révolution communiste (on en parlera plus loin) et par l'abolition parallèle de la propriété privée, cette puissance, si mystérieuse pour les théoriciens, disparaîtra et c'est alors que la libération de chaque individu s'imposera dans la mesure où l'histoire se sera transformée complètement en histoire universelle (1). Il est donc clair que la véritable richesse spirituelle de l'individu dépend entièrement de la richesse de ses relations réelles. C'est de cette façon que les individus seront délivrés des diverses barrières nationales et locales, mis en relation pratique avec la production (y compris la production intellectuelle) du monde entier et mis à même d'acquérir la capacité de jouir de la production multiforme du monde entier (créations des hommes). Cette dépendance *universelle,* cette première forme naturelle de la coopération des individus à l'échelle de l'*histoire universelle* est transformée par cette révolution communiste en contrôle et en maîtrise consciente de ces puissances qui, issues de l'interaction des hommes, les ont dominés et leur en ont imposé jusqu'à présent comme puissances tout à fait étrangères. On peut comprendre cette conception d'une manière spéculative et idéaliste, c'est-à-dire fantastique, comme « création du genre par lui-même » (la « société » comme « sujet »), si bien que la série successive des individus liés les uns aux autres se présente comme un individu unique qui accomplit le mystère de s'engendrer lui-même. On voit donc ici que les individus se font *mutuellement,* physiquement et individuellement, certes, mais qu'ils ne se font pas eux-mêmes ni dans le non-sens de saint Bruno

< en vertu de quoi « le concept de personnalité comme telle implique de se poser soi-même comme limité » (ce en quoi il réussit remarquablement bien) « et d'abolir de nouveau cette limitation qu'elle pose » (non par soi-même, ni en général, ni par son concept, mais) « en raison de son *esssence générale,* puisque *cette essence* n'est précisément que le résultat de son discernement de soi *intérieur,* de son activité » (2). >

79. *Weltgeistes* traduit par l'esprit du monde, ou encore l'esprit universel. Cette notion d'esprit du monde fait allusion au texte de Hegel dans les *Principes de la philosophie du droit* § 344 : « Dans cette marche de l'esprit du monde, les États, les peuples et les individus apparaissent chacun avec leur principe particulier déterminé, qui s'explicite et devient réel dans leur constitution et dans toute l'étendue de leur situation. »

80. Cf. *Le Manifeste.* « Déjà les démarcations nationales et les antagonismes entre les peuples disparaissent de plus en plus avec le développement de la bourgeoisie, la liberté du commerce, le marché mondial, l'uniformité de la production industrielle et les conditions d'existence qu'elle entraîne. »

(1) Remarque marginale de Marx : *De la production de la conscience.*
(2) Remarque marginale biffée : Monsieur Bruno n'arrive pas à la douzaine.

ni dans le sens de l'« Unique », de l'homme « arrivé » (1).

Pour finir, la conception de l'histoire que nous avons exposée produit encore les résultats suivants : 1° Dans le développement des forces productives, on arrive à un stade où naissent des forces productives et des moyens de commerce qui, dans les conditions existantes, ne font que causer des malheurs. Ce ne sont plus des forces productives, mais des forces destructives (machinisme et argent)[81]. Il apparaît alors une classe qui doit supporter toutes les charges de la société sans jouir de ses avantages. Expulsée de la société, cette classe se trouve reléguée dans une opposition radicale avec toutes les autres classes ; cette classe forme la majorité de tous les membres de la société et fait naître la conscience de la nécessité d'une révolution radicale, c'est-à-dire la conscience communiste ; celle-ci, naturellement, peut se former aussi parmi les autres classes grâce à l'intuition du rôle de la classe en question. 2° Les conditions, qui permettent l'emploi de certaines forces productives, sont celles qu'impose la domination d'une classe déterminée de la société (2) dont la puissance sociale, conséquence de sa propriété, trouve son expression *pratique* et idéaliste dans le type d'État propre à son époque ; c'est pourquoi toute lutte révolutionnaire est dirigée contre une classe jusqu'alors dominante[82] (3). 3° Toutes les révolutions passées ont laissé intact le mode d'activité, il ne s'agissait pour elles que d'une autre distribution de ces activités, d'une nouvelle répartition du travail entre d'autres personnes. Au contraire, s'en prenant au *mode* traditionnel des activités, la révolution communiste élimine le travail et abolit la domination de toutes les classes en abolissant les classes elles-mêmes[83], parce que cette révolution est accomplie par la classe qui, dans la société, n'est plus considérée comme une classe, qui n'est plus reconnue comme telle et qui, dès à présent, est l'expression de la dissolution de toutes les classes, de toutes les nationalités, etc., au sein de la société actuelle. 4° Pour produire massivement cette conscience communiste aussi bien que pour faire triompher la cause elle-même, il faut transformer massivement les hommes, transformation qui ne peut s'accomplir que dans un mouvement pratique, dans une *révolution,* la révolution est donc nécessaire, non seulement parce qu'il est impossible de renverser autrement la classe *dominante,* mais encore parce que seule une révolution permet à la classe qui

81. Cf. *Le Capital* Livre I Chap. 32 : « Le monopole du capital devient une entrave pour le mode production qui a grandi et prospéré avec lui et sous ses auspices. La socialisation du travail et la centralisation de ses ressorts matériels arrivent à un point où elles ne peuvent plus tenir dans leur enveloppe capitaliste. Cette enveloppe se brise en éclats. L'heure de la propriété capitaliste a sonné. Les expropriateurs sont à leur tour expropriés. »

82. Cette idée trouvera son expression achevée dans le *Manifeste du parti communiste* (1848) : « L'histoire des sociétés n'a été que l'histoire des luttes de classes. »

83. Cf. Karl Marx, Friedrich Engels, *Manifeste du parti communiste* (1848) : « Le prolétariat, dans sa lutte contre la bourgeoisie, se constitue forcément comme classe [...] et détruit par la violence les anciens rapports de production. Il détruit en même temps que ces rapports de production, les conditions d'existence de l'antagonisme des classes, il détruit les classes en général et, par là, sa propre domination comme classe. »

(1) Rayé dans le manuscrit depuis saint Bruno.

(2) *Variante* initiale : 2° Chaque stade de développement des forces productives sert de fondement à la domination d'une classe déterminée de la société.

(3) Remarque marginale de Marx : les gens ont intérêt à maintenir l'état actuel de la production.

renverse de balayer la vieille saleté et de devenir capable de fonder la société sur des bases nouvelles.

< Alors que depuis un certain temps, tous les communistes, tant en France qu'en Angleterre et en Allemagne, sont d'accord sur la nécessité de cette révolution, saint Bruno, lui, continue tranquillement à rêver et pense que l'« humanisme réel », c'est-à-dire le communisme se mettra « à la place du spiritualisme » (qui n'a pas de place) uniquement pour gagner en respect. Et Bruno de poursuivre son rêve : « Il faudra bien que le salut vienne, la terre sera faite ciel et le ciel sera fait terre. » (Notre théologien ne peut toujours pas renoncer au ciel.) « Puis, au milieu des célestes harmonies, retentiront la joie et l'enchantement dans les siècles des siècles. » (p. 140)
Remarque marginale de Marx : *Sainte Famille.* Notre Saint-Père de l'Église sera frappé d'étonnement quand s'abattra sur lui le jour du Jugement dernier, celui où tout cela s'accomplira, où à l'aube, le ciel reflétera les villes en flammes, où, au milieu de ces « harmonies célestes », la mélodie de *la Marseillaise* et de *la Carmagnole* avec bruit de canon obligé, retentira à ses oreilles, où la guillotine battra la mesure, où la « masse » scélérate criera *Ça ira, ça ira* et abolira la « Conscience de soi » au moyen de la lanterne. (Moins qu'un autre, saint Bruno n'a de raison de brosser un tableau édifiant de cette « joie et de cet enchantement dans les siècles des siècles ». Les « fidèles de la religion feuerbachienne de l'amour » semblent pourtant avoir une idée singulière de cette « joie » et de cet « enchantement » – en parlant d'une révolution où il s'agit de tout autre chose que d'« harmonies célestes »). Nous renonçons au plaisir de peindre *a priori* le comportement de saint Bruno le jour du Jugement dernier . Il est en effet difficile de trancher s'il s'agit de concevoir les prolétaires en révolution comme « Substance » (qui se révolte contre la Conscience de soi), comme « masse », qui veut renverser la Critique, ou comme « émanation » de l'Esprit, qui manque cependant encore de la conscience nécessaire pour diriger les pensées baueriennes. >

Par conséquent, cette conception de l'histoire a pour objet de montrer le processus réel de production à partir de la production matérielle de la vie immédiate ; de comprendre la forme de commerce liée à ce mode de production et engendrée par elle, en d'autres termes la société civile à ses différents stades, comme fondement de toute l'histoire ; de décrire cette société dans son action en tant qu'État et d'expliquer (1) par elle l'ensemble des différentes productions théoriques[84] et formes de la conscience, telles que

84. Chez Hegel, l'idée de *totalité* renvoie à la notion « d'esprit du temps » : « Il faut tenir fermement cette idée qu'il n'existe qu'un seul esprit, un seul principe qui s'exprime dans l'état politique comme il se manifeste dans la religion, l'art, la moralité, les mœurs sociales, le commerce et l'industrie en sorte que ces diverses formes ne se trouvent être que les branches d'un seul tronc. [...] L'esprit est un, c'est l'esprit substantiel d'une période, d'un peuple, d'un temps. » Introduction à *l'Histoire de la philosophie.*

(1) *Variante* initiale : d'expliquer la société civile à ses différents stades et dans son reflet pratique et idéaliste, l'État, ainsi que l'ensemble des différentes productions théoriques et des formes de la conscience telles que la religion, la philosophie, la morale, etc.

la religion, la philosophie, la morale, etc. ; d'examiner la genèse de cette société à partir de ces formes et de ces productions, ce qui permet alors de présenter le phénomène dans sa totalité (donc aussi l'interaction de ces différents aspects) (1). Contrairement à la conception idéaliste de l'histoire, nul besoin pour elle de rechercher une catégorie pour chaque période[85], car elle reste toujours sur le *terrain réel de l'histoire.* N'expliquant pas la pratique à partir de l'idée, mais la formation des idées à partir de la pratique matérielle, elle parvient en toute logique au résultat que toutes les formes et toutes les productions de la conscience peuvent être résolues, non par la critique[86] intellectuelle, en les dissolvant dans la « Conscience de soi », ni en les transformant en « revenants », en « fantômes », en « lubies », etc., mais uniquement par le renversement pratique des rapports sociaux réels qui sont à l'origine de ces balivernes idéalistes : ce n'est pas la critique, mais la révolution qui est la force motrice de l'histoire, de la religion, de la philosophie et de toute autre théorie. Cette conception montre que l'histoire ne prend pas fin en se dissolvant dans la « Conscience de soi[87] » comme « Esprit de l'esprit », mais qu'on y trouve à chaque stade un résultat matériel, une somme de forces productives, un rapport avec la nature et entre les individus, celui-ci créé historiquement, transmettant de génération en génération une masse de forces productives, de capitaux et de circonstances qui, d'une part, sont modifiées, certes, par la nouvelle génération, mais qui lui dictent, d'autre part, ses propres conditions de vie en lui imprimant un développement déterminé, une tournure spécifique. Il est donc clair : les circonstances font les hommes tout autant que les hommes font les circonstances[88].

Cette somme de forces productives, de capitaux et de formes d'échange social, que chaque individu et chaque

85. Comme cela se produit chez Hegel : « L'essence de l'esprit est de se connaître soi-même et de se réaliser. C'est ce qu'il accomplit dans l'histoire : il se produit sous certaines formes déterminées et ces formes sont les peuples historiques. Chacun de ces peuples exprime une étape, désigne une époque de l'histoire universelle : ces peuples incarnent les principes que l'esprit a trouvés en lui et qu'il a dû réaliser dans le monde ». *La Raison dans l'Histoire.*

86. Engels et Marx ont déjà dénoncé dans *La Sainte Famille* (1844) l'influence de la philosophie spéculative hégélienne sur la vision de la « Critique absolue » (autrement dit Bruno Bauer) : « Mais pour se lever, il ne suffit pas de se lever en *pensée,* ne laissant planer sur sa tête *réelle* et *sensible* le joug *réel* et *sensible,* qu'on ne saurait détruire par de simple ruminations de l'esprit. *La Critique absolue,* elle, a du moins appris de la *Phénoménologie* de Hegel, l'art de métamorphoser les chaînes *réelles objectives,* existant *en dehors de moi,* en chaînes *purement idéales, purement subjectives,* existant purement *en moi,* et concrètes en simples luttes d'idées. »

87. Déjà dans *La Sainte Famille* (1844), Engels et Marx s'étaient gaussés, d'une telle conception de l'histoire exprimée par la « Critique critique » de Bruno Bauer : « De même que d'après les anciens téléologues, les plantes n'existent que pour être mangées par les animaux, et les animaux pour être mangés par les hommes, l'histoire n'existe que pour servir à cet acte de consommation de la nourriture théorique : la *démonstration.* L'homme existe pour que l'histoire existe, et l'histoire existe pour qu'existe *la preuve des vérités.* Ce qu'on retrouve sous cette forme *critiquement* banalisée, c'est la sagesse spéculative d'après laquelle l'homme, l'histoire existent pour que la *vérité* puisse parvenir à la *conscience* de soi. »

88. Cf. Karl Marx, *Le 18 Brumaire de Louis Bonaparte :* « Les hommes font leur propre histoire, mais ils ne la font pas arbitrairement, dans des conditions choisies par eux, mais dans des conditions directement données et héritées du passé. La tradition de toutes les générations mortes pèse d'un poids très lourd sur le cerveau des vivants. »

(1) Remarque marginale de Marx : *Feuerbach.*

génération trouvent à leur arrivée comme des données[89], est le fondement réel de ce que les philosophes se sont représenté comme « Substance » et comme « Essence de l'homme »[90], de ce qu'ils ont porté aux nues ou combattu, fondement réel qui n'est nullement perturbé dans son action et dans son influence sur le développement des hommes par le fait que ces philosophes se révoltent contre lui sous le couvert de la « Conscience de soi » ou de l'« Unique ». Ce sont également ces conditions de vie, trouvées par les générations successives, qui déterminent si l'ébranlement révolutionnaire, revenant périodiquement dans l'histoire, est ou n'est pas assez puissant pour renverser totalement les fondements de l'ordre établi entier. Et si ces éléments matériels d'un bouleversement total – d'une part, les forces productives existantes et, d'autre part, la formation d'une masse révolutionnaire qui se révolte, non seulement contre certaines conditions de la société passée, mais aussi contre l'ancienne « production de la vie », contre cette « activité totale », qui est à sa base – n'existent pas, il est tout à fait indifférent pour le développement pratique que l'*idée* de ce bouleversement ait déjà été formulée cent fois : l'histoire du communisme le montre.

Toute l'ancienne conception de l'histoire, ou bien a négligé complètement cette base réelle de l'histoire, ou bien l'a considérée comme secondaire sans aucun rapport avec le cours de l'histoire. Par conséquent, il faut toujours écrire l'histoire selon un critère qui lui soit extérieur. La production réelle de la vie semble relever de l'histoire primitive, alors que ce qui tient de l'histoire proprement dite apparaît comme séparé de la vie ordinaire, comme s'il était en dehors ou au-dessus du terrestre. Le rapport des hommes avec la nature est exclu de l'histoire, ce qui provoque l'opposition entre la nature et l'histoire. Pour cette raison, l'ancienne conception n'a pu voir dans l'histoire que des actions politiques d'éclat et des luttes religieuses, somme toute théoriques, et a dû *partager l'illusion de cette époque* pour chaque époque en particulier. Si par exemple, une époque s'imagine d'être déterminée par des motifs purement « politiques » ou « religieux », bien que « religion » et « politique » ne soient que les formes de ses motivations réelles, l'historiographie de cette époque accepte cette opinion. L'« imagination », les « idées » que ces hommes déterminés ont de leur pratique réelle, sont transformées en cette puissance active qui est seule à décider et qui domine et détermine la pratique de ces hommes. Quand la forme rudimentaire de la division du travail chez les Indiens et chez les Égyptiens fait naître, chez ces peuples, le système des castes dans leur État et dans leur religion, l'historien croit que le système des castes est la puissance qui a produit cette forme sociale rudimentaire. Tandis que les Français et les Anglais s'en tiennent au moins à l'illu-

89. Cf. Lettre de Karl Marx à Pavel V. Annenkov du 28 décembre 1846 : « Par ce simple fait que toute génération postérieure trouve des forces productives acquises par la génération antérieure, qui servent à elle comme matière première de nouvelle production, il se forme une connexité dans l'histoire des hommes, il se forme une histoire de l'humanité, qui est d'autant plus l'histoire de l'humanité que les forces productives des hommes et en conséquence leurs rapports sociaux ont grandi. »

90. Cf. Karl Marx, *Thèses sur Feuerbach* (Thèse 6) : « Feuerbach résout l'essence religieuse en l'essence *humaine*. Mais l'essence humaine n'est pas une abstraction inhérente à l'individu pris à part. Dans sa réalité, c'est l'ensemble des rapports sociaux. »

sion politique qui se rapproche encore le plus de la réalité, les Allemands, eux, se meuvent dans la sphère de l'« esprit pur » et font de l'illusion religieuse le moteur de l'histoire. La philosophie hégélienne de l'histoire[91] est la dernière conséquence, l'« expression la plus pure » de l'ensemble de cette historiographie *allemande* où il s'agit, non pas d'intérêts réels, ni même d'intérêts politiques, mais d'idées pures[92] ; saint Bruno n'y voit qu'une succession d'« idées » dont l'une dévore l'autre pour sombrer finalement dans la « Conscience de soi » ; saint Max Stirner, qui ne sait rien de toute l'histoire réelle, est plus conséquent encore et ne voit dans l'évolution historique qu'une simple histoire de « chevaliers, de brigands et de revenants » : à leurs visions il ne sait naturellement échapper que par le « sacrilège » (1). C'est là une conception vraiment religieuse, pour elle l'homme religieux est le premier homme d'où part toute l'histoire. Dans son imagination, elle remplace la production réelle des moyens d'existence et de la vie elle-même par la production de fantasmes religieux. Toute cette conception de l'histoire, y compris sa décomposition et les scrupules qui en résultent, n'est qu'une affaire *nationale* des Allemands et n'a qu'un intérêt *local* pour l'Allemagne, comme par exemple la question importante, traitée souvent ces temps derniers : comment passer « du royaume de Dieu au royaume des hommes », comme si ce « royaume de Dieu » n'avait jamais existé ailleurs que dans l'imagination, et comme si ces savants messieurs ne vivaient pas constamment, sans le savoir, au « royaume des hommes », dont ils cherchent à présent le chemin, et comme si l'amusement scientifique – car ce n'est rien de plus – qu'il y a à expliquer la singularité de cette élucubration théorique ne consistait pas, au contraire, à démontrer comment elle est née à partir des conditions réelles de l'existence (2). D'une façon générale, pour ces Allemands, il s'agit toujours de remplacer les absurdités par quelque autre lubie, c'est-à-dire de supposer que tout ce non-sens a bien un *sens* particulier qu'il faut découvrir alors qu'il s'agit tout simplement d'expliquer ces grands mots, l'extirpation de ces idées de la conscience humaine sera effectuée, nous l'avons déjà dit, non par des déductions théoriques[93], mais en transformant les circonstances. Ces représentations théoriques n'existent pas, pour le plus grand nombre des hommes, autrement dit pour le prolétariat, et elles n'ont

91. Pour Hegel, en effet, la « masse immense de désirs, d'intérêts et d'activités [des hommes] constitue les instruments et les moyens dont se sert l'esprit du monde pour parvenir à sa fin, l'élever à la conscience, et la réaliser. Car son seul but est de se trouver, de venir à soi, de se contempler dans la réalité. » *La Raison dans l'histoire*.

92. Cf. Marx : « Introduction » à la *Critique de l'économie politique* : « Hegel est tombé dans l'illusion de concevoir le réel comme le résultat de la pensée, qui se rassemble en soi, s'approfondit en soi, se meut à partir de soi-même. »

93. Cf *Le Capital* Livre I Chap. 1 : « Le reflet religieux du monde réel ne pourra disparaître que lorsque les conditions du travail et de la vie pratique présenteront à l'homme des rapports transparents et rationnels avec ses semblables et avec la nature. La vie sociale, dont la production matérielle et les rapports qu'elle implique forment la base, ne sera dégagée du nuage mystique qui en voile l'aspect que le jour où s'y manifestera l'œuvre d'hommes librement associés, agissant consciemment et maîtres de leur propre mouvement social. »

(1) *Variante* initiale : l'historiographie dite *objective* consistait précisément à séparer les événements historiques et l'activité. Caractère révolutionnaire.

(2) *Variante* initiale : et comme si ce ne pouvait être un très grand divertissement scientifique que d'expliquer jusque dans le détail ce fait curieux que constitue cette formation des nuages théoriques à partir des conditions terrestres réelles et d'en faire la preuve.

donc pas besoin d'être dissoutes ; et si ce grand nombre a pu avoir quelques représentations théoriques, la religion par exemple, il y a longtemps déjà qu'elles ont été dissoutes par les circonstances[94].

Le caractère purement national de ces questions et de leurs solutions apparaît encore dans le fait que ces théoriciens croient très sérieusement que des chimères telles que « l'Homme-dieu », « l'Homme », etc., ont présidé aux différentes époques de l'histoire. Saint Bruno va même jusqu'à affirmer que seuls « la critique et les critiques ont fait l'histoire ». Cela pareillement quand ils se mettent eux-mêmes à faire des constructions historiques, quand ils sautent à grande vitesse par-dessus tout le passé pour passer directement de la « civilisation mongole » à l'histoire « pleine », celle des *Hallische Jahrbücher*, des *Deutsche Jahrbücher*[95], puis à celle de la dissolution de l'école hégéliene dans une querelle générale. On oublie toutes les autres nations, tous les événements réels, le *theatrum mundi*, le théâtre du monde, on se limite à la foire aux livres de Leipzig et aux querelles que se livrent la « Critique », « l'Homme » et « l'Unique »[96]. Quand il arrive aux théoriciens de traiter des sujets vraiment historiques, comme par exemple le XIIIe siècle, ils s'en tiennent à l'histoire des idées, détachées des faits et des développements pratiques, qui en constituent le fondement ; d'ailleurs quand ils donnent cette histoire, il ne s'agit pour eux que de décrire l'époque en question comme une étape imparfaite, avant-courrière bornée de l'époque vraiment historique, c'est-à-dire de l'époque de la lutte des philosophes allemands pendant les années 1840-1844. Leur but étant d'écrire une histoire du passé pour faire resplendir la gloire d'une personne non historique et de ses fantasmes, on conçoit qu'ils n'évoquent pas les événements historiques, ni même les interventions réellement historiques de la politique dans l'histoire et qu'ils proposent au contraire un récit qui repose, non sur des études mais sur des inventions et des potins littéraires – comme l'a fait saint Bruno dans son *Histoire du XVIIIe siècle*[97] aujourd'hui oubliée. Emphatiques et arrogants, ces épiciers de la pensée, qui se croient infiniment au-dessus de tous les préjugés nationaux sont, dans la pratique, beaucoup plus nationaux que les petits-bourgeois du café du coin, qui rêvent de l'unité allemande. Ils ne reconnaissent pas le caractère historique des actions des autres peuples, ils vivent en Allemagne, en fonction de l'Allemagne et pour l'Allemagne, ils transforment la *Chanson du Rhin*[98] en

94. Dans le *Manifeste du parti communiste* (1848) Marx développe cette notion, C'est, dit-il, la bourgeoisie elle-même qui a dissout les représentations religieuses : « Elle [la bourgeoisie] a noyé l'extase religieuse, l'enthousiasme chevaleresque, la sentimentalité du petit bourgeois dans les eaux glacées du calcul égoïste. »

95. Le *Hallische Jahrbücher für deutsche Wissenchaft und Kunst* (Annales de Halle pour la science et l'art allemands) est une revue du mouvement « jeune-hégélien » fondée par Arnold Ruge et Theodor Echtermeyer, et publiée quotidiennement à Leipzig sous forme de feuille (de janvier 1838 à juin 1841). Prenant des positions libérales, la revue fut menacée d'être interdite en Prusse, émigra en Saxe (à Dresde) et pris en juillet 1841 le nom de *deutsche Jahrbücher für Wissenschaft und Kunst* (Annales allemandes pour la science et l'art). Elle fut finalement interdite en janvier 1843.

96. La « Critique », l'« Homme » et l'« Unique » sont la matière plaisante pour Marx et Engels de désigner Bruno Bauer, Ludwig Feuerbach et Max Stirner.

97. Bruno Bauer : *Geschichte der Politik, Kultur und Aufklärung des achtzehnten Jahrhunderts (Histoire de la politique, de la culture et des lumières du XVIIIe siècle)* Charlottenburg 1843-1845, dont les volumes parus en 1844 et 1845 abordent notamment les conséquences de la Révolution française en Allemagne.

98. La chant nationaliste du *Rheinlied* est composé par le poète allemand Nicolas Becker (1809-1845) à l'occasion de la crise franco-prussienne de 1840. Il provoque une réponse d'Alfred de Musset (« Le Rhin allemand ») et d'Alphonse de Lamartine (« La Marseillaise de la paix »).

chant spirituel et font la conquête de l'Alsace-Lorraine en pillant la philosophie française et non l'État français, et en germanisant des idées françaises et non des provinces françaises. M. Venedey[99] fait figure de cosmopolite à côté de saint Bruno et de saint Max qui proclament l'hégémonie mondiale de l'Allemagne dans l'hégémonie mondiale de la théorie.

De ces explications ressort également à quel point Feuerbach se trompe en se déclarant communiste (dans *Wigand's Vierteljahrsschrift,* 1845, tome II[100]) par la qualification d'« homme communautaire » qu'il transforme en un prédicat de l'« homme »[101]. Il croit ainsi avoir le droit de transformer à nouveau en une simple catégorie le mot de communiste[102] qui, dans le monde actuel, désigne l'adhérent d'un parti révolutionnaire déterminé. Toute la déduction de Feuerbach quant aux rapports des hommes entre eux a pour seul but de prouver que les hommes ont besoin les uns des autres et *qu'il en a toujours été ainsi.* Si son intention est d'établir la conscience de ce fait, donc de susciter, comme d'autres théoriciens, uniquement une conscience juste d'un fait *existant.* D'ailleurs, nous reconnaissons pleinement qu'en voulant faire naître la conscience précisément de *ce* fait, Feuerbach va aussi loin qu'il est possible à un théoricien de le faire sans cesser d'être théoricien et philosophe. Mais il est caractéristique pour saint Bruno et saint Max de substituer aussitôt au communisme réel l'idée que s'en fait Feuerbach, cela leur permet, en partie du moins, de combattre le communisme comme « esprit de l'esprit », comme catégorie philosophique, comme un adversaire d'égal à égal – et saint Bruno le fait en plus pour des intérêts pragmatiques. Comme exemple de cette manière de reconnaître et de méconnaître l'ordre établi, que Feuerbach continue à partager avec nos adversaires, rappelons ce passage de la *Philosophie de l'avenir*[103]

99. Jacob Venedey (1805-1871). Journaliste et homme politique allemand. Il fut un des fondateurs (1834) de la *Ligue des Bannis,* organisation politique secrète créée à Paris après la dispersion de la *Société des droits de l'homme et du citoyen.* Expulsé de Paris en 1835, il y retourne en 1839, mais se tient à l'écart du mouvement ouvrier. En 1848-1849, Venedey sera membre libéral de l'Assemblée nationale de Francfort.

100. La *Wigand's Vierteljahrsschrift (Revue trimestrielle de Wigand)* est une revue des « jeunes-hégéliens » éditée en 1844-1845 par Otto Wigand (1795-1870) libraire-éditeur à Leipzig. Ludwig Feuerbach y écrit un article en réponse à Stirner (et à la critique que Max Stirner fait de Feuerbach dans *L'Unique et sa propriété*) : « Über das *Wesen des Christentums* in Beziehung auf den *Einzigen und sein Eigentum* » (De l'*Essence du Christianisme* dans son rapport à l'*Unique et sa propriété*).
On trouve une traduction de ce texte dans les textes choisis de Ludwig Feuerbach, rassemblés par Louis Althusser sous le titre de *Manifestes philosophiques,* Paris, PUF, 1973.

101. Ludwig Feuerbach se prétend communiste auprès de Friedrich Engels – qui parle de cela dans une lettre à Karl Marx (22-26 février 1845) : « Feuerbach déclare qu'il doit commencer à anéantir de fond en comble cette saloperie de religion, avant de pouvoir s'occuper assez du communisme pour s'en faire le porte-parole dans ses écrits. [...] Il se déclare du reste communiste et pour lui la seule question serait celle des modalités de la réalisation du communisme. »

102. Dans *L'Unique et sa propriété* (1844), Max Stirner se livre à une critique de *L'essence du christianisme* (1841) de Ludwig Feuerbach. Ce dernier riposte dans un article (1845) paru dans la *Revue trimestrielle de Wigand (Wigand's Vierteljahrsschift)* : « L'*Essence du christianisme* » dans son rapport à *« L'Unique et sa propriété »*. Feuerbach s'y met en scène : « Feuerbach n'est donc ni matérialiste, ni idéaliste, ni philosophe de l'identité. Qu'est-il donc alors ? Il est dans ses pensées ce qu'il est en fait, en esprit ce qu'il est en chair, en essence ce qu'il est dans les sens : homme ; ou plutôt, comme il transpose dans la communauté seulement l'essence de l'homme – Feuerbach est homme communautaire, *communiste* » et encore : « Être un individu veut sans doute dire être "égoïste", mais cela veut aussi dire en même temps, et sans le vouloir, être *communiste.* »

103. *Grundsätze der Philosophie der Zukunft (Principes de la philosophie de l'avenir)* Zurich et Winterthur, Julius Fröbel, 1843.
Traduction française par Louis Althusser : Ludwig Feuerbach *Manifestes philosophiques,* Paris, PUF, 1973.

où il montre que l'Être d'une chose ou d'un homme est identique à son essence[104], que les conditions d'existence déterminées, que le mode de vie et d'activité d'un individu, animal ou humain, sont ceux où son « essence » se sent satisfaite. Ici, on comprend expressément chaque exception comme un hasard malheureux, comme une anomalie qu'on ne peut changer. Si donc des millions de prolétaires ne se sentent aucunement satisfaits de leurs conditions de vie, quand leur « Être » ne correspond pas du tout à leur « essence », ce serait là, d'après le passage cité, un malheur inévitable qu'il faudrait supporter calmement. Cependant, ces millions de prolétaires ou de communistes[105] en pensent tout autrement et ils le montreront quand leur temps sera venu, quand ils mettront, de façon pratique, par une révolution, leur « Être » en accord avec leur « essence ». Dans des cas pareils, Feuerbach ne parle jamais du monde des hommes, mais il se réfugie toujours dans la nature extérieure, dans *la* nature que les hommes ne contrôlent pas encore. Mais par chaque nouvelle invention, par chaque progrès de l'industrie, l'homme soulève une nouvelle parcelle de ce terrain, et le sol, où poussent les exemples de propositions feuerbachiennes, se rétrécit de plus en plus. L'« essence » du poisson c'est son « Être », c'est-à-dire l'eau, pour nous en tenir à cette seule proposition. L'« essence » du poisson de rivière c'est l'eau d'une rivière[106]. Mais cette eau cesse d'être son « essence » et devient un milieu d'existence qui ne lui convient plus, dès que l'industrie s'empare de cette rivière, dès qu'elle est polluée par des colorants et autres déchets, dès qu'elle est sillonnée par des bateaux à vapeur, dès qu'on détourne son eau dans des canaux où l'on peut priver le poisson de son milieu d'existence par le simple fait d'évacuer l'eau. Déclarer que toutes ces contradictions sont des anomalies inévitables, au fond, n'est pas différent de la consolation que saint Max Stirner offre aux hommes insatisfaits, en leur disant que cette contradiction, que cette infortune, ils pourraient alors soit s'y résigner, soit garder pour eux leur propre indignation, soit encore, se révolter contre leur infortune d'une façon fantaisiste ; cette déclaration n'est pas différente non plus du reproche de saint Bruno quand il dit que ces circonstances malheureuses proviennent du fait que les intéressés se sont embourbés dans la « Substance », incapables de progresser vers la « Conscience de soi absolu » et de reconnaître ces mauvaises conditions comme l'esprit de leur esprit.

A toute époque, les idées de la classe dominante sont les idées dominantes[107]; autrement dit, la classe qui est la puissance *matérielle* dominante d'une société est en même temps la puissance *spirituelle* dominante de cette société. La classe disposant des moyens de production matérielle dispose par là en même temps des moyens de production

104. Cf. Ludwig Feuerbach, *Principes de la philosophie de l'avenir* (1843) : « 27. L'être n'est pas *un concept universel séparable des choses. Il ne fait qu'un avec ce qui est.* Il n'est pensable que médiatement par l'entremise des prédicats qui fondent l'essence d'une chose. L'être est la position de l'essence. *Mon être est ce qu'est mon essence.* [...] C'est dans la vie humaine seule que l'être se sépare de l'essence, mais seulement dans des cas normaux et malheureux : il advient qu'on ne possède pas aussi son essence à l'endroit où l'on a son être, et qu'alors, précisément à cause de ce divorce, l'âme ne soit pas véritablement présente là où se trouve son corps. »

105. A cette époque, la réflexion sur le communisme déborde très largement la sphère philosophique, elle s'exprime aussi dans la littérature. Cf. Henri Heine (1797-1856) qui dans de nombreux passages de son œuvre évoque le communisme : « Cet antagonisme garde encore un effrayant incognito ; il réside, prétendant miséreux, dans ces sous-sols de la Société officielle, dans ces catacombes où la vie nouvelle germe et bourgeonne sous la mort et la pourriture. Le communisme, tel est le nom secret de l'antagonisme redoutable qui oppose la domination des prolétaires, avec toutes ses conséquences, au régime actuel de la bourgeoisie. » (*Lutèce* 1842.)

106. Cf. Ludwig Feuerbach, *Principes de la philosophie de l'avenir* (1843) : « 27. *Mon être est ce qu'est mon essence.* Le poisson est dans l'eau, mais on ne peut séparer son essence de cet être. »

107. L'expression est reprise dans *Le Manifeste* : « Les idées dominantes d'une époque n'ont jamais été que les idées de la classe dominante. »

spirituelle, si bien qu'ainsi elle maîtrise du même coup, dans l'ensemble, les idées de ceux à qui manquent les moyens de production spirituelle. Les idées dominantes ne sont rien d'autre que l'expression idéelle des rapports matériels dominants, les rapports matériels dominants saisis comme idées ; donc rien d'autre que les idées des rapports qui précisément font d'une classe dominante, par conséquent les idées de domination. Les individus qui composent la classe dominante sont aussi dotés d'une conscience, ils pensent donc ; dès lors dans la mesure où ils dominent en tant que classe et déterminent dans toute son ampleur une époque de l'histoire, il va de soi qu'ils le font dans toute l'étendue de celle-ci, par conséquent ils dominent aussi en tant que penseurs, en tant que producteurs d'idées et ils règlent la production et la distribution des idées de leur temps. Il est donc évident que leurs idées sont les idées dominantes de l'époque. Par exemple, à une époque et dans un pays où puissance royale et bourgeoisie se disputent la domination, où par conséquent cette domination est divisée, s'affirme comme idée dominante la doctrine de la division des pouvoirs, qui est exprimée comme « loi éternelle ».

La division du travail, nous l'avons déjà vu, est une des puissances principales de l'histoire. Elle se rencontre aussi dans la classe dominante sous forme de division entre le travail matériel et le travail spirituel, si bien que cette classe est en partie constituée des penseurs de cette classe (c'est-à-dire les idéologues actifs, les inventeurs de concepts, ceux qui font de l'élaboration de l'illusion de cette classe sur elle-même leur revenu principal), tandis que ses autres membres gardent plutôt une attitude passive et réceptive envers ces idées et ces illusions parce que dans la réalité ils sont les membres actifs de cette classe et ont moins le temps de se faire des illusions et des idées sur eux-mêmes. La scission qui se produit au sein de cette classe peut même aboutir, dans une certaine mesure, à antagonisme et opposition entre les deux parties. Cependant lors de tout conflit pratique où la classe elle-même est en péril, cette opposition tombe d'elle-même et on voit se dissiper l'illusion que les idées dominantes ne seraient pas les idées de la classe dominante et leur pouvoir serait distinct du pouvoir de cette classe. L'existence d'idées révolutionnaires à une époque déterminée suppose l'existence d'une classe révolutionnaire ; ce qu'il faut dire des prémisses de celle-ci, nous l'avons exprimé précédemment.

Si en interprétant le cours de l'histoire on sépare les idées de la classe dominante de cette classe, autrement dit si on les autonomise[108], si on s'en tient au fait qu'à une certaine époque telles ou telles idées ont dominé, sans se préoccuper des conditions de production et des producteurs de ces idées, si on néglige les individus et les circonstances mon-

108. Ironisant sur la conception de l'histoire de Proudhon, Marx dans *Misère de la philosophie* en expose un des thèmes : « Chaque principe a son siècle, pour s'y manifester : le principe d'autorité, par exemple, a eu le XIe siècle, de même que le principe d'invidualisme le XVIIIe siècle. De conséquence en conséquence, c'était le siècle qui appartenait au principe, et non le principe qui appartenait au siècle. En d'autres termes, c'était le principe qui faisait l'histoire, ce n'était pas histoire qui faisait le principe. »

diales, fondement de ces idées, on pourra dire, par exemple, que du temps où dominait l'aristocratie dominaient les concepts d'honneur, de fidélité, etc., et pendant le règne de la bourgeoisie régnaient les concepts de liberté, d'égalité, etc.

> < En moyenne la classe dominante elle-même s'imagine que ses concepts sont les concepts dominants et les distingue des représentations dominantes à des époques antérieures seulement en les présentant comme des vérités éternelles. Les « concepts dominants » auront une forme d'autant plus générale et plus ample que la classe dominante est contrainte de présenter son intérêt comme celui de tous les membres de la société. >

C'est ce que, dans son ensemble, s'imagine la classe dominante elle-même. Commune à tous les historiens, particulièrement depuis le XVIIIe siècle, cette conception de l'histoire rencontrera nécessairement le phénomène suivant : les idées dominantes sont des idées de plus en plus abstraites, c'est-à-dire qu'elles empruntent de plus en plus la forme de l'universalité. Toute nouvelle classe qui se substitue à une classe dominant avant elle se voit contrainte, ne serait-ce que pour parvenir à ses fins, de présenter son intérêt comme l'intérêt commun à tous les membres de la société, c'est-à-dire – en termes d'idées – elle doit prêter à ses pensées la forme de l'universalité, les présenter comme seules raisonnables, les seules comme universellement valables. Du simple fait qu'elle affronte une *classe*, *la classe* révolutionnaire se présente d'emblée non pas comme une classe, mais comme le représentant de toute la société, elle apparaît comme la société dans sa masse tout entière face à la seule classe dominante[109] (1). Elle le peut parce qu'initialement son intérêt est encore grandement lié de façon étroite à l'intérêt commun de toutes les autres classes non dominantes ; puis, sous la pression de la situation précédente, il n'a pas encore pu se développer en tant qu'intérêt particulier d'une classe particulière. Dès lors, sa victoire sert aussi bien des individus appartenant aux autres classes qui ne deviennent pas des classes dominantes, mais uniquement dans la mesure où elle rend ces individus capables d'accéder à la classe dominante. Lorsque la bourgeoisie française renverse la domination de l'aristocratie, elle permit du même coup à de nombreux prolétaires de s'élever au-dessus du prolétariat, mais uniquement en devenant

109. Cf. Karl Marx, *Contribution à la critique de la philosophie du droit hégélien. Introduction :* « Ce n'est qu'au nom des droits généraux de la société qu'une classe particulière peut revendiquer la domination générale. [...] Pour qu'un état social soit par excellence l'État social libérateur, il faut qu'à l'inverse un autre État soit, de toute évidence, l'État qui asservit. » (Éd. Sociales, p. 208.)

(1) Remarque marginale de Marx : (L'universalité correspond 1° à la classe contre l'ordre ; 2° à la concurrence, au commerce mondial, etc. ; 3° à l'importance numérique de la classe dominante ; 4° à l'illusion de l'intérêt *commun,* au début cette illusion est la vérité ; 5° à la tromperie des idéologues et à la division du travail.)

eux-mêmes des bourgeois. C'est pourquoi toute nouvelle classe établit sa domination sur une base plus large que celle de la classe précédemment dominante ; en revanche, l'opposition entre classes non dominantes et la classe dorénavant dominante s'accentue et s'approfondit par la suite. De ce double phénomène, il résulte que le combat à mener contre cette classe nouvellement déterminante tend à son tour à nier les conditions sociales avec plus de résolution et sur un mode plus radical que n'avaient pu le faire jusqu'alors toutes les classes qui aspiraient à la domination.

L'apparence, selon laquelle la domination d'une classe déterminée ne serait que la domination de certaines idées, toute cette apparence se dissipe naturellement d'elle-même dès que la domination de classe cesse d'être la forme de l'ordre social, dès qu'il n'est donc plus nécessaire de présenter un intérêt particulier comme intérêt général ou le « général » comme dominant (1).

Une fois les idées dominantes séparées des individus qui exercent la domination, et en particulier des rapports qui découlent d'un stade donné du mode de production, on arrive au résultat que ce sont toujours les idées qui dominent dans l'histoire, et il est très facile d'abstraire de ces différentes idées, « l'Idée », c'est-à-dire l'idée tout court, etc., comme ce qui domine dans l'histoire[110] et, par conséquent, de saisir toutes ces idées et tous ces concepts comme « auto-détermination » *du* Concept qui se développe dans l'histoire. Il est alors également naturel de pouvoir déduire tous les rapports entre les hommes du concept d'homme, de l'homme représenté, de l'essence de l'homme, de l'Homme. C'est ce qu'a fait la philosophie spéculative. Hegel avoue lui-même à la fin de *La philosophie de l'histoire* qu'il « considère la seule progression du *Concept* » et que dans l'histoire il a présenté « la véritable théodicée »[111]. On peut donc revenir aux producteurs « du Concept », aux théoriciens, idéologues et philosophes, pour arriver au résultat que les philosophes, les penseurs en tant que tels ont depuis toujours dominé dans l'histoire – ce résultat, comme nous le voyons, Hegel l'a déjà exprimé. Bref, démontrer la souveraineté de l'Esprit dans l'histoire (hiérarchie chez Stirner) ; ce tour de force se limite aux trois efforts suivants :
1° Il faut séparer les idées des hommes qui dominent pour des raisons empiriques, dans des conditions empiriques et en tant qu'individus matériels, de ces mêmes hommes et donc reconnaître la domination des idées ou des illusions dans l'histoire.

110. Cf. Hegel, *La Raison dans l'histoire* : « Semblable à Mercure, le conducteur des âmes, l'Idée est en vérité ce qui mène les peuples et le monde, et c'est l'Esprit, sa volonté raisonnable et nécessaire, qui a guidé et continue de guider les événements du monde. »

111. Cf. Hegel, *Leçons de la philosophie de l'histoire*. C'est en 1837, à l'initiative d'Édouard Gans, que paraît cet ouvrage composé d'après les leçons professées à Berlin en 1830-1831.
Hegel y affirme : « Que l'histoire universelle est le cours de ce développement [de l'Idée qui se réalise] et le devenir réel de l'esprit sur le théâtre changeant de ses histoires – c'est là la véritable Théodicée, la justification de Dieu dans l'histoire. La seule lumière qui puisse réconcilier l'esprit avec l'histoire universelle et avec la réalité est la certitude que ce qui est arrivé et arrive tous les jours, non seulement ne se fait pas sans Dieu, mais est essentiellement son œuvre. »

(1) *Variante* initiale : présenter un intérêt particulier au niveau pratique comme intérêt commun de tous, et au niveau théorique comme intérêt général.

2° Il faut établir un ordre dans cette domination des idées, montrer un lien mystique entre les idées dominantes successives, et on y parvient en les saisissant comme « autodéterminations du Concept » (cela est possible parce que ces idées sont réellement liées entre elles en raison de leur assise empirique et parce que, saisies en tant qu'idées *pures*, elles deviennent des auto-différenciations, des distinctions opérées par la pensée).
3° Pour supprimer l'aspect mystique de ce « concept se déterminant lui-même », on le transforme en une personne – « la Conscience de soi » – ou, pour paraître vraiment matérialiste, en une série de personnes qui représentent « le Concept » dans l'histoire : « penseurs », « philosophes », idéologues ; ceux-ci sont compris à leur tour comme étant les fabricants de l'histoire, « le conseil des gardiens », les dominateurs (1). Du même coup, on a escamoté tous les éléments matérialistes de l'histoire et on peut désormais lâcher sans crainte la bride à son destrier spéculatif[112].

Il faut analyser cette méthode historique qui régnait en Allemagne et dire pourquoi elle régnait surtout dans ce pays, à partir de son lien avec l'illusion des idéologues en général, par exemple avec celle des juristes, des hommes politiques (et parmi eux également les hommes d'État en exercice) donc à partir des rêveries et des falsifications dogmatiques de ces individus ; elle s'explique tout simplement par la position pratique dans l'existence, leur métier et la division du travail.

Alors que dans la vie courante, n'importe quel *shopkeeper* sait parfaitement distinguer ce que quelqu'un prétend être de ce qu'il est réellement, en revanche, notre historiographie n'est pas encore parvenue à cette connaissance banale. Elle croit sur parole ce que chaque époque dit d'elle-même[113] et ce qu'elle s'imagine à son propre sujet... est trouvé. Du premier point résulte le préalable d'une division du travail développée et d'un commerce étendu ; du deuxième point résulte le caractère local. Dans le premier cas, il faut rassembler les individus, dans le deuxième, à côté de l'instrument de production donné, ils sont eux-mêmes instruments de production. Ici se manifeste donc la différence entre les instruments de production naturels et les instruments de production créés par la civilisation. Le *champ* (l'eau, etc.), peut être considéré comme un instrument de production naturel. Dans le premier cas, par rapport à l'instrument de production naturel, les individus sont subordonnés à la nature ; dans le deuxième cas, à un produit du travail. C'est bien pourquoi dans le pre-

(1) Remarque marginale de Marx : l'homme = l'« esprit humain pensant ».

112. L'emploi du destrier spéculatif, à la fois romantique et féodal, est par ironie réservé aux philosophes. Chez Friedrich Engels dans son *Ludwig Feuerbach*, lorsqu'il s'agit du « sens commun », on se contente d'un mauvais cheval : « Le vieux canasson perclus du sens commun bourgeois s'arrête évidemment bien embarrassé devant le fossé qui sépare l'essence du phénomène, la cause de l'effet ; mais lorsque *par force* on s'en va chasser sur le terrain très accidenté de la pensée abstraite, il faut évidemment éviter de monter ce genre de vieux canasson. »

113. Dans la « Préface » à la *Critique de l'économie politique* (1859), Karl Marx indique que dans les périodes de bouleversement notamment, il faut distinguer entre le bouleversement matériel des conditions de production économique et les formes idéologiques sous lesquelles les hommes prennent conscience de ce conflit : « Pas plus qu'on en juge un individu sur l'idée qu'il se fait de lui-même, on ne saurait juger une telle époque de bouleversement sur sa conscience de soi ; il faut, au contraire, expliquer cette conscience par les contradictions de la vie matérielle, par le conflit qui existe entre les forces productives sociales et les rapports de production. »

mier cas la propriété (la propriété foncière) apparaît comme une domination immédiate, naturelle ; dans le deuxième, comme domination du travail, et particulièrement du travail accumulé, du capital. Le premier cas présuppose que les individus sont unis par quelque lien, la famille, la tribu, le sol même, etc. ; le deuxième, qu'ils sont indépendants les uns des autres, tenus ensemble seulement par l'échange. Dans le premier cas, l'échange est principalement un échange entre les hommes et la nature, le travail des uns est échangé contre les produits de l'autre ; dans le deuxième cas, il est, de façon prépondérante, échange entre les hommes. Dans le premier cas, l'intelligence moyenne des hommes suffit, activité corporelle et activité intellectuelle ne sont encore pas du tout séparées ; dans le deuxième cas, la division entre le travail intellectuel et le travail corporel doit être déjà une réalité accomplie. Dans le premier cas, la domination des propriétaires sur les non-propriétaires peut reposer sur des relations personnelles, sur une sorte de communauté ; dans le deuxième cas, elle doit avoir pris une forme matérialisée par un troisième terme, l'argent. Dans le premier cas, c'est la petite industrie qui existe, mais subordonnée à l'utilisation de l'instrument de production naturel, donc sans répartition du travail entre les différents individus ; dans le deuxième cas, l'industrie n'existe que dans et par la division du travail.

Jusqu'à présent, partant des instruments de production, nous constatons que la propriété privée est nécessaire à certains stades de l'industrie. Dans les industries extractives, la propriété coïncide encore tout à fait avec le travail ; jusqu'à présent, dans la petite industrie et dans toute l'agriculture passée, la propriété est la conséquence nécessaire des instruments de production existants ; dans la grande industrie la contradiction entre l'instrument de production et la propriété privée est le produit de cette industrie qui, pour la faire apparaître, doit être très développée. Par conséquent, c'est seulement avec la grande industrie qu'est donc aussi possible l'abolition de la propriété privée.

La plus grande division du travail matériel et intellectuel, c'est la séparation de la ville et de la campagne[114]. L'opposition entre la ville et la campagne débute avec le passage de la barbarie à la civilisation, du tribalisme à l'État, du terroir à la nation, et elle persiste tout au long de l'histoire jusqu'à nos jours[115] (L'*Anti-Corn-Law League*[116], Ligue contre la loi sur les blés). Du même coup, l'existence de la ville rend nécessaire une administration, une police, des impôts, etc., bref, une organisation communale et donc la politique en général. Ici, pour la première fois, apparut la division de la population en deux grandes classes, elle repose directement sur la division du travail et des instruments de production. La ville est déjà le fait de la concentration de la population, des instruments de production,

114. Cf. *Le Capital* Livre I Chap. 14 : « Toute division du travail développée qui s'entretient par l'intermédiaire de l'échange des marchandises a pour base fondamentale la séparation de la ville et de la campagne. On peut dire que l'histoire économique de la société roule sur le mouvement de cette antithèse. »

115. A l'opposé, dans le texte même de *L'Idéologie allemande :* « L'abolition de cette opposition entre la ville et la campagne est l'une des premières conditions de la communauté ».

116. *Anti-Corn-Law League* (Ligue contre la loi sur les grains). En 1815, des lois sur les grains avaient été prises en Angleterre pour limiter – voire interdire – les importations de céréales ; ceci dans l'intérêt des grands propriétaires terriens. En 1838, les industriels Cobden et Bright créèrent une association (l'*Anti-Corn-Law League)* ayant pour objectif l'abolition des taxes sur l'importation des grains. En effet, ils escomptaient que la libre importation du blé entraînerait une baisse du prix du pain et des salaires. La lutte entre la bourgeoisie industrielle et l'aristocratie terrienne s'acheva en 1846 par l'abrogation des lois sur les grains.

du capital, des plaisirs, des besoins, alors que la campagne montre le fait opposé : l'isolement et la dispersion. L'opposition entre la ville et la campagne ne peut exister que dans le cadre de la propriété privée. Elle est l'expression la plus frappante de la subordination de l'individu à la division du travail, à une activité déterminée qui lui est imposée ; cette subordination fait de l'un un animal des villes, de l'autre un animal des campagnes, tous deux également bornés, et elle renouvelle chaque jour l'opposition entre les intérêts de l'un et ceux de l'autre. Ici encore, le travail est la chose principale, le pouvoir *sur* les individus, et tant que ce pouvoir existera doit exister aussi la propriété privée. L'abolition de l'opposition entre la ville et la campagne est une des premières conditions de la communauté ; cette condition dépend à son tour d'un grand nombre de préalables matériels, que la simple volonté ne peut pas produire, comme chacun peut le voir du premier coup d'œil. (Il faut encore préciser ces conditions.) La séparation entre la ville et la campagne, on peut la comprendre aussi comme séparation entre capital et propriété foncière : le capital commence à exister et à se développer indépendamment de la propriété foncière ; une propriété naît, qui se fonde uniquement sur le travail et l'échange.

Au Moyen Age, dans les villes qui n'étaient pas transmises toutes faites par l'histoire antérieure, mais construites grâce à l'afflux des serfs devenus libres, le travail particulier de chacun était sa seule propriété, en dehors du petit capital qu'il apportait se limitant quasiment à ses outils indispensables. La concurrence des serfs fugitifs arrivant sans cesse dans la ville, la guerre continuelle de la campagne contre les villes, d'où la nécessité d'une force militaire urbaine organisée, le lien noué en vertu de la propriété en commun d'un travail déterminé, la nécessité d'avoir des bâtiments où vendre les marchandises à une époque où les artisans étaient des commerçants – et l'exclusion consécutive de ces bâtiments des personnes étrangères à eux –, l'opposition entre les intérêts des différents métiers, la nécessité de protéger un travail appris avec peine et l'organisation féodale du pays tout entier, voilà autant de causes qui ont poussé les travailleurs de chaque métier à s'unir en corporations. Nous n'avons pas à insister sur les multiples modifications qui ont affecté les corporations en raison de développements historiques ultérieurs. Pendant tout le Moyen Age, l'exode des serfs vers les villes ne s'est interrompu à aucun moment. Ces serfs, pourchassés à la campagne par leurs seigneurs, arrivaient un par un dans les villes ; ils y trouvaient une communauté organisée contre laquelle ils étaient impuissants ; ils étaient contraints d'accepter la situation qu'ils se voyaient assigner en raison du besoin qu'on avait de leur travail, et de l'intérêt de leurs concurrents citadins organisés. Ces travailleurs qui arrivaient individuellement ne réussirent jamais à devenir une force : si leur travail était conforme aux normes corporatives et qu'il leur fallait l'apprendre, les maîtres de la corporation les assujettissaient à leur pouvoir et les organisaient selon leur intérêt ; ou bien si leur travail n'exigeait aucun apprentissage et qu'il n'était donc pas régi par des normes corporatives mais était un travail de journalier, ils ne parvinrent jamais à s'organiser mais restèrent une plèbe inorganisée. La nécessité du travail à la journée dans les villes fit naître la plèbe.

Les villes étaient de véritables « associations » suscitées par le besoin immédiat, le souci de protéger la propriété, et en vue de multiplier les moyens de production et de défendre leurs membres pris chacun pour lui-même. Composée d'individus arrivés isolément, étrangers les uns aux autres, inorganisés, face à une puissance organisée qui était équipée pour la guerre et les surveillant jalousement, la plèbe n'avait de ce fait aucun pouvoir. Dans chaque métier, les compagnons et les apprentis étaient organisés selon la manière qui répondait le mieux à l'intérêt des maîtres ;

> < entre eux, ils étaient à leur tour désunis puisque les compagnons des différents maîtres s'opposaient les uns aux autres à l'intérieur d'un seul et même métier >

la relation patriarcale établie entre eux-mêmes et leurs maîtres conférait à ceux-ci un double pouvoir : ils exerçaient une influence directe sur toute la vie des compagnons ; puis, pour les compagnons, travailler chez le même maître nouait un véritable lien qui les unissait face aux compagnons des autres maîtres, dont ils se trouvaient ainsi séparés ; en définitive les compagnons restaient attachés à l'ordre établi du seul fait de l'intérêt qu'ils avaient à devenir maîtres eux-mêmes. Par conséquent si la plèbe fomentait du moins des émeutes contre l'ordre municipal entier sans produire d'ailleurs le moindre effet à cause de son impuissance, les compagnons, eux, en venaient tout au plus à des mouvements insignifiants d'insubordination au sein de corporations isolées, phénomène inhérent à l'existence de l'organisation corporative elle-même. Les grands soulèvements du Moyen Age partirent tous de la campagne ; ils étaient voués à l'échec à cause de l'éparpillement des paysans et de leur inculture qui en provenait.

Dans ces villes, le capital était un capital naturel ; il consistait en habitation, outils et clientèle naturelle héréditaire, etc., non réalisable en raison du caractère des échanges et de l'absence de circulation, il se transmettait nécessairement de père en fils. Ce capital-là, on ne pouvait l'évaluer en argent comme le capital moderne pour lequel peu importe qu'il soit investi dans cette chose ou dans une autre ; c'était un capital en rapport immédiat avec le travail déterminé de son possesseur, et il en était inséparable ; dans cette mesure c'était un capital *corporatif*.

Dans les villes également, la division du travail était encore très rudimentaire entre les différentes corporations et n'existait même pas du tout entre les différents travailleurs au sein d'une même corporation. Chaque travailleur devait être versé dans tout un ensemble de travaux, devait être capable de faire tout ce qu'on pouvait faire avec ses outils ; les échanges restreints et la faible liaison entre les différentes villes, la faible densité de la population, les besoins limités ne favorisèrent pas une progression de la division du travail et c'est pourquoi tout un chacun qui voulait devenir un maître devait connaître son métier dans toute son étendue. C'est pourquoi on trouve encore chez les artisans du Moyen Age un intérêt pour leur travail particulier et pour l'habileté dans ce travail pouvant s'élever jusqu'à un certain sens artistique assez limité. C'est pour cela aussi que tout artisan du Moyen Age se consacrait entièrement à son travail, lui était sentimentalement asservi, et lui était subordonné bien plus que le travailleur moderne à qui son travail est indifférent.

L'extension suivante de la division du travail fut la séparation de la production et du commerce, la constitution d'une classe particulière de marchands, séparation transmise par les villes anciennes (comme les Juifs entre autres) et apparaissant rapidement dans les villes nouvelles. Cela offrait la possibilité de liaisons commerciales dépassant la proximité immédiate. Sa réalisation dépendait des moyens de communication existant, de l'état de la sécurité à la campagne, conditionné lui-même par la situation politique (comme chacun sait, pendant tout le Moyen Age les marchands se déplaçaient en caravanes armées), des besoins plus ou moins développés, toujours déterminés par le degré de civilisation des régions accessibles au commerce.

La constitution d'une classe particulière se livrant au commerce, l'extension du commerce au-delà de la proximité immédiate de la ville entraînèrent aussitôt l'interaction entre la production et le commerce. Les villes entrent

< en sortant dans leur isolement >

en relation *les unes avec les autres,* on apporte de nouveaux outils d'une ville dans une autre, et la division entre production et commerce suscite rapidement une nouvelle division de la production entre différentes villes dont chacune exploite bientôt une branche prédominante de l'industrie. La limitation initiale à un lieu déterminé disparaît peu à peu.

Il dépend exclusivement de l'extension du commerce que les forces productives acquises dans un lieu déterminé, surtout les inventions, soient ou non perdues pour le développement ultérieur. Aussi longtemps qu'une activité commerciale ne dépasse le voisinage immédiat, toute invention doit être faite dans chaque lieu séparément, et de simples hasards, comme les invasions des peuples barbares ou même des guerres ordinaires, suffisent pour contraindre un pays à forces productives et besoins développés (1), à repartir à zéro. Au début de l'histoire il fallut refaire chaque jour chaque invention dans chaque lieu indépendamment. A quel point les forces productives développées, liées même à un commerce relativement étendu, sont peu assurées contre une disparition complète, l'histoire des Phéniciens (2) nous le montre : la majeure partie de leurs inventions disparurent pour longtemps à cause de l'élimination du commerce de cette nation conquise par Alexandre et de sa ruine consécutive. Autre exemple : la peinture sur verre au Moyen Age. C'est seulement à partir du moment où le commerce est devenu un commerce mondial fondé sur la grande industrie et que toutes les nations sont entraînées dans une concurrence acharnée que la pérennité des forces productives acquises est assurée.

La division du travail entre les différentes villes eut pour première conséquence la naissance des manufactures, branches de la production échappant au système corporatif. Le premier épanouissement des manufactures – en Italie et plus tard en Flandre – eut pour condition historique le commerce avec des nations étrangères. Dans d'autres pays – en Angleterre et en France, par exemple – les manufactures se limitèrent d'abord au marché intérieur. En dehors des conditions indiquées, les manufactures nécessitèrent une concentration poussée de la population – surtout à la campagne – et du capital qui commençait à s'accumuler entre peu de mains, en partie dans les corporations en dépit des lois corporatives, en partie chez les commerçants.

Le travail qui d'entrée de jeu exigeait une machine – celle-ci fût-elle la plus rudimentaire – apparut très vite comme étant le plus susceptible de se développer. Le tissage, pratiqué à la campagne par les paysans, accessoirement, pour se procurer les vêtements nécessaires, fut le premier travail à recevoir une impulsion et à réaliser un développement grâce à l'extension du commerce. Le tissage fut la première et resta la principale manufacture. L'augmentation de la demande de tissus pour vêtements, suscitée par celle de la population, l'accumulation et la mobilisation commençantes du capital primitif grâce à une circulation

(1) *Variante* initiale : suffisent pour longtemps une grande quantité de forces productives et d'inventions acquises...
(2) Remarque marginale de Marx : et la peinture sur verre au Moyen Age.

plus rapide, le besoin de luxe éveillé par ces circonstances et favorisé par l'extension progressive du commerce donnèrent au tissage une impulsion, tant quantitative que qualitative, qui l'arracha à la forme de production en vigueur jusqu'alors. A côté des paysans, tissant pour leur usage personnel, qui continuèrent et continuent encore à subsister, il se constitua dans les villes une classe nouvelle de tisserands dont le produit était destiné à l'ensemble du marché intérieur et, le plus souvent, aussi aux marchés extérieurs.

Le tissage, travail exigeant dans la plupart des cas peu d'habileté et se subdivisant rapidement en un nombre infini de branches, s'opposa, de par toute sa nature, aux entraves de la corporation. On pratiquait le tissage le plus souvent dans des villages et des bourgs sans organisation corporative, qui devinrent progressivement des villes, et même très vite les villes les plus prospères de chaque pays.

Avec la manufacture libérée du système corporatif, le régime de propriété se transforma en même temps aussi. Le premier pas en avant, au-delà du capital corporatif primitif, fut franchi avec l'apparition des commerçants dont le capital fut mobile dès le début, capital au sens moderne pour autant qu'il peut en être question compte tenu des conditions de l'époque. Le deuxième pas fut franchi par la manufacture qui mobilisa à son tour une masse de capital primitif et augmenta en général la masse du capital mobile par rapport à celle du capital primitif.

La manufacture devint en même temps un refuge pour les paysans contre les corporations qui les excluaient ou les payaient mal, de même qu'autrefois les villes et leurs corporations avaient servi aux paysans de refuge contre les propriétaires fonciers.

La naissance des manufactures fut également le début de la période du vagabondage[117] causé par la disparition des troupes féodales et la dissolution des armées hétéroclites que les rois avaient utilisées contre leurs vassaux, causé encore par les améliorations de l'agriculture et la transformation en pâturages de larges superficies de terre cultivable[118]. Ces faits suffisent pour faire ressortir que ce vagabondage coïncide exactement avec la désagrégation de la féodalité. Dès le XIIIe siècle on rencontre de telles périodes; mais ce vagabondage ne se généralisa pour ne devenir permanent qu'à la fin du XVe et au début du XVIe siècle. Ces vagabonds étaient si nombreux que Henri VIII d'Angleterre, entre autres, en fit pendre soixante-douze mille[119]; et il fallut une misère extrême pour arriver à les faire travailler au prix d'énormes difficultés, et seulement après une longue résistance. L'essor rapide des manufactures notamment en Angleterre les absorba peu à peu.

117. Cf. *Le Capital* Livre I Chap. 28 : « La création du prolétariat sans feu ni lieu – licenciés des grands seigneurs féodaux et cultivateurs victimes d'expropriations violentes et répétées – allait nécessairement plus vite que son absorption par les manufactures naissantes. »

118. Ces mêmes thèmes sont repris par Karl Marx dans *Misère de la philosophie :* « Un autre point qu'on n'a pas encore assez apprécié dans l'histoire de l'industrie manufacturière, c'est le licenciement des nombreuses suites des seigneurs féodaux, dont les membres subalternes devinrent des vagabonds avant d'entrer dans l'atelier. La création de l'atelier est précédée d'un vagabondage presque universel au XVe siècle et au XVIe siècle. L'atelier trouva encore un puissant appui dans les nombreux paysans qui, chassés continuellement des campagnes par la transformation des champs en prairies et par les travaux agricoles nécessitant moins de bras pour la culture des terres, vinrent affluer dans les villes pendant des siècles entiers. »

119. Cf. *Le Capital* Livre I Chap. 28 : « De ces malheureux fugitifs dont Thomas More, leur contemporain, dit qu'on les força à vagabonder et à voler. Soixante-douze mille furent exécutés sous le règne d'Henri VIII. »

Avec la manufacture, les différentes nations entrèrent en concurrence, en lutte commerciale qu'elles menèrent par des guerres, des droits protecteurs et des prohibitions, alors qu'autrefois ces nations avaient effectué paisiblement des échanges entre elles pour autant qu'elles avaient entretenu des relations. Dorénavant le commerce a une signification politique.

En même temps la manufacture amena un changement des rapports entre travailleurs et employeurs. Dans les corporations, les relations patriarcales subsistaient entre compagnons et maîtres[120]; dans la manufacture, elles furent remplacées par des rapports d'argent entre travailleur et capitaliste, rapports qui gardèrent une teinte patriarcale à la campagne et dans les petites villes ; en revanche, ils perdirent très tôt presque toute coloration patriarcale dans les grandes villes proprement manufacturières.

L'extension du commerce, en raison de la découverte de l'Amérique et de la route maritime vers les Indes orientales, donna un essor considérable à la manufacture et au mouvement de la production en général. Les produits importés de ces contrées, notamment les masses d'or et d'argent mises en circulation, changèrent complètement les relations réciproques des classes et portèrent un coup terrible à la propriété foncière féodale[121] et aux travailleurs ; les expéditions d'aventuriers, la colonisation et surtout l'extension désormais possible des marchés qui prennent de plus en plus les dimensions d'un marché mondial ouvrirent une nouvelle phase du développement historique, sur laquelle nous n'avons pas à nous étendre davantage[122]. La colonisation des pays qu'on venait de découvrir fournit un nouvel aliment à la lutte commerciale entre les nations, et provoqua une extension et un acharnement plus grands de cette lutte.

L'extension du commerce et de la manufacture accéléra l'accumulation du capital mobile, alors que dans les corporations dont rien ne stimulait la production, le capital primitif demeurait stable ou même diminuait. Le commerce et la manufacture engendrèrent la grande bourgeoisie ; les corporations rassemblèrent la petite bourgeoisie qui désormais ne régnait plus dans les villes comme naguère, mais devait se plier à la domination des grands commerçants et manufacturiers (1). D'où la ruine des corporations dès leur entrée en contact avec la manufacture.

Pendant l'époque dont nous avons parlé, les relations commerciales entre les nations prirent deux formes diffé-

(1) Remarque marginale de Marx : petits bourgeois – classe moyenne – grande bourgeoisie.

120. Cf. Karl Marx, *Le Capital* Livre I Chap. 28 : « La classe salariée, qui surgit dans la dernière moitié du XVIe siècle, ne formait alors, ainsi que dans le siècle suivant, qu'une très faible portion de la population. Sa position était fortement protégée, à la campagne, par les paysans indépendants, à la ville, par le régime corporatif des métiers ; à la campagne comme à la ville, maîtres et ouvriers étaient socialement rapprochés. »

121. Karl Marx poursuivra l'analyse dans *Le Capital* . Cf. Livre I Chap. 31 : « La découverte des contrées aurifères et argentifères de l'Amérique, la réduction des indigènes en esclavage, leur enfouissement dans les mines ou leur extermination, les commencements de conquête et de pillage aux Indes orientales, la transformation de l'Afrique en une sorte de garenne commerciale pour la chasse aux peaux noires, voilà les procédés idylliques d'accumulation primitive qui signalent l'ère capitaliste à son aurore. »

122. Cf. Marx/Engels, *Le Manifeste du parti communiste :* « La découverte de l'Amérique, la circumnavigation de l'Afrique offrirent à la bourgeoisie naissante de nouveaux champs d'action. Les marchés de l'Inde et la Chine, la colonisation de l'Amérique, le commerce colonial, l'accroissement des moyens d'échanges et des marchandises imprimèrent une impulsion extraordinaire au commerce, à la navigation, à l'industrie, et, par conséquent, un développement rapide à l'élément révolutionnaire de la société féodale en dissolution. » (Éd. Nathan, p. 35.)

rentes. Au début, la petite quantité d'or et d'argent en circulation entraîna l'interdiction d'exporter ces métaux ; et l'industrie – devenue nécessaire parce qu'il fallait donner du travail à une population urbaine croissante – importée le plus souvent de l'étranger, ne pouvait se passer des privilèges qu'on pouvait naturellement lui accorder non seulement contre la concurrence intérieure, mais surtout contre la concurrence extérieure. Dans ces prohibitions primitives, on étendit le privilège corporatif local à toute la nation. Les droits de douane sont issus des taxes que les seigneurs féodaux imposaient aux marchands qui traversaient leur domaine comme rachat du pillage ; ces redevances furent imposées ultérieurement aussi par les villes et, avec l'apparition des États modernes, elles furent pour le fisc le moyen le plus simple de se procurer de l'argent.

L'apparition de l'or et de l'argent américains sur les marchés européens, le développement progressif de l'industrie, l'essor rapide du commerce et, comme conséquence, l'épanouissement de la bourgeoise hors corporations et l'importance grandissante de l'argent[123], tous ces faits donnèrent à ces mesures une autre signification. De jour en jour, ne pouvant se passer d'argent que de plus en plus difficilement, l'État maintint l'interdiction d'exporter de l'or et de l'argent pour des considérations fiscales ; les bourgeois en furent tout à fait satisfaits : leur objectif principal était d'accaparer ces masses de monnaie lancées nouvellement sur le marché. Les privilèges encore en vigueur devinrent une source de revenu pour le gouvernement qui les vendait pour de l'argent ; dans la législation douanière apparurent les droits de douane à l'exportation, autant d'entraves à l'activité industrielle, visant une fin purement fiscale.

123. Cf. *Le Capital* Livre I Chap. 31 : « La constitution féodale des campagnes et l'organisation corporative des villes empêchaient le capital-argent, formé par la double voie de l'usure et du commerce, de se convertir en capital industriel. »

La deuxième période débuta au milieu du XVIIe siècle pour durer jusqu'à environ la fin du XVIIIe. Le commerce et la navigation s'étaient développés plus rapidement que la manufacture qui jouait un rôle secondaire ; les colonies se mirent à devenir de gros consommateurs ; au prix de longues luttes, les différentes nations se partagèrent le marché mondial qui s'ouvrait (1). Cette période commence avec des lois de navigation et des monopoles coloniaux. On élimina autant que possible la concurrence entre les nations par des tarifs, des prohibitions, des traités ; et en dernière instance, le combat de la concurrence fut soutenu et réglé par des guerres (surtout des guerres maritimes). Les Anglais, nation la plus puissante sur les mers, conservèrent leur prépondérance dans le commerce et la manufacture. Ici, déjà, concentration sur *un* pays.

(1) *Variante* initiale : le marché mondial qui s'ouvrait fut accaparé par les diverses nations qui se disputèrent son exploitation.

La manufacture était constamment protégée, sur le marché intérieur, par des droits protecteurs, sur le marché colonial par des monopoles et sur le marché extérieur autant que possible par des droits différentiels. On favorisa la transformation de la matière produite dans le pays même (laine et lin en Angleterre, soie en France), on interdit l'exportation de la matière première (laine en Angleterre), on négligea ou supprima la transformation de la matière première importée (coton en Angleterre). La nation, qui est la première puissance coloniale et possède la suprématie dans le commerce maritime, s'assura naturellement aussi la plus importante extension – tant pour la quantité que pour la qualité – de la manufacture. Celle-ci ne pouvait absolument pas se passer de protection, puisque le moindre changement intervenant dans d'autres pays peut lui faire perdre son marché et la ruiner ; facile à introduire dans un pays dans des conditions tant soit peu favorables, elle est pour les mêmes raisons facile à détruire. Du même coup, en raison de la manière dont elle a été pratiquée à la campagne, notamment au XVIIIe siècle, elle se trouve liée aux conditions de vie d'une masse d'individus si intimement qu'aucun pays ne peut risquer de mettre en jeu son existence en autorisant la libre concurrence. C'est pourquoi dans la mesure où la manufacture parvient à exporter, elle dépend tout à fait de l'extension ou de la limitation du commerce, mais exerce sur celui-ci une action en retour relativement très faible[124]. D'où son importance secondaire (...) (1) et l'influence des commerçants au XVIIIe siècle. Ce furent les commerçants et particulièrement les armateurs qui demandèrent avec insistance, plus que tous les autres, la protection de l'État et le monopole ; les manufacturiers demandèrent et obtinrent certes aussi cette protection, mais pour ce qui est de leur importance politique, ils étaient toujours derrière les commerçants. Les villes commerçantes et les ports en particulier parvinrent à un niveau de civilisation relatif et devinrent des villes de grande bourgeoisie, alors que dans les villes manufacturières l'esprit petit-bourgeois subsista largement. Cf. Aikin. Le XVIIIe siècle fut le siècle du commerce. Pinto le dit expressément : « Le commerce est la marotte du siècle » (1) et « depuis quelque temps il n'est plus question que de commerce, de navigation et de marine » (2).

124. Cf. *Le Capital* Livre I : « De nos jours, la suprématie industrielle implique la suprématie commerciale, mais à l'époque manufacturière proprement dite, c'est la suprématie commerciale qui donne la suprématie industrielle. »

Le mouvement du capital, bien qu'accéléré d'une manière significative, restait pourtant encore relativement lent. L'émiettement du marché mondial en parties isolées dont chacune était exploitée par une nation particulière,

(1) Passage abîmé dans le manuscrit.
(2) En français dans le texte.

l'élimination de la concurrence des nation entre elles, la maladresse de la production elle-même et un système financier qui venait tout juste de dépasser ses premiers stades, voilà ce qui entrava grandement la circulation. La conséquence en était un esprit boutiquier d'une mesquinerie sordide, dont la mentalité de tous les marchands et toute l'exploitation commerciale étaient encore entachées. Par rapport aux manufacturiers et surtout aux artisans, ils étaient des grands bourgeois, par rapport aux commerçants et aux industriels de la période suivante, ils restent des petits bourgeois. Cf. A. Smith.

Cette période se caractérise encore par la levée de l'interdiction d'exporter l'or et l'argent, par la naissance du commerce monétaire, des banques, des dettes publiques, du papier-monnaie, des spéculations sur fonds et sur actions, de l'agiotage sur tous les articles et du développement du système monétaire en général. Le capital perdit encore pour une part importante le caractère primitif dont il était encore empreint.

Au XVIIe siècle, le commerce et la manufacture sont allés, irrésistiblement, se concentrer en un seul pays : l'Angleterre. Cette concentration créa progressivement pour ce pays un marché mondial relatif et, donc, une demande de produits manufacturiers anglais que les forces productives industrielles existant jusqu'alors ne pouvaient plus satisfaire. Cette demande qui dépassait de beaucoup les forces productives a été la force motrice qui ouvrit la troisième période de la propriété privée depuis le Moyen Age en faisant naître la grande industrie : utilisation des forces élémentaires à des fins industrielles, machinisme et division du travail la plus poussée. Les autres conditions de cette nouvelle phase – liberté de la concurrence à l'intérieur d'une nation, perfectionnement de la mécanique théorique (la mécanique parachevée par Newton était au XVIIIe siècle de toute façon la science la plus populaire en France et en Angleterre), etc. – existaient déjà en Angleterre. Pour ce qui est de la libre concurrence à l'intérieur de la nation, il a fallu partout une révolution pour l'imposer (en 1640 et en 1688 en Angleterre, en 1789 en France). La concurrence contraignit bientôt tout pays décidé de conserver son rôle historique à protéger ses manufactures par de nouvelles mesures douanières (les anciennes taxes n'étaient plus d'aucun secours devant la grande industrie) et, peu après, à introduire la grande industrie accompagnée de droits protecteurs. En dépit de ces mesures protectrices, la grande industrie rendit la concurrence universelle (elle est la liberté commerciale pratique, les droits protecteurs n'y sont qu'un palliatif, une arme défensive à l'intérieur de la liberté commerciale), elle établit les moyens de communication et le marché mondial moderne,

< et accéléra la circulation et la concentration des capitaux >

mit le commerce sous sa domination, transforma tout capital en capital industriel et accéléra aussi la circulation (perfectionnement du système monétaire) et la centralisation de tous les capitaux. Par la concurrence universelle, elle contraignit tous les individus à tendre leur énergie à l'extrême. Elle anéantit le plus plus possible l'idéologie, la religion et la morale[125], etc., et quand cela lui fut impossible, elle en fit des mensonges flagrants. C'est par elle seulement que l'histoire devint vraiment universelle[126], en faisant dépendre du monde entier chaque nation civilisée et, pour la satisfaction de ses besoins, chaque individu de cette nation, et en détruisant le caractère exclusif des différentes nations, qui était naturel jusqu'alors. Elle subordonna la science de la nature au capital, et enleva à la division du travail sa dernière apparence de fait naturel. D'une manière générale, elle anéantit toute spontanéité pour autant que cela est possible dans le travail, et transforma toute relation spontanée en relation d'argent. A la place des villes nées naturellement, elle créa de grandes cités industrielles modernes qui poussèrent à vue d'œil. Partout où elle réussit à s'imposer, elle détruisit l'artisanat et, d'une manière générale, toute industrie restée à un stade antérieur. Elle consacra la victoire de la ville sur la campagne. Sa (...) (1) est le système automatique (...) (1) engendra une masse de forces productives pour lesquelles la propriété privée devint une entrave, comme la corporation en avait été une pour la manufacture et la petite entreprise rurale pour l'artisanat en voie de formation. Sous le régime de la propriété privée, ces forces productives connaissent un développement qui n'est que partiel, elles deviennent pour la plupart des forces destructives, et un grand nombre de ces forces ne trouve aucune utilisation sous le régime en question. En général, elle engendra partout les mêmes rapports entre les classes de la société et détruisit ainsi le caractère particulier des différentes nationalités. Enfin, alors que la bourgeoisie de chaque nation conserve des intérêts nationaux particuliers, la grande industrie créa une classe qui a les mêmes intérêts dans toutes les nations et pour laquelle la nationalité est déjà anéantie, une classe qui s'est réellement débarrassée de tout l'ancien monde et qui en même temps lui fait face. Elle rend insupportable à l'ouvrier[127] non seulement les rapports avec le capitaliste, mais également le travail lui-même.

(1) Passage abîmé dans le manuscrit.

125. Dans *Le Manifeste du parti communiste*, Marx reprend cette idée : « [La bourgeoisie] a noyé l'extase religieuse, l'enthousiasme chevaleresque, la sentimentalité du petit bourgeois, dans les eaux glacées du calcul égoïste. » (Éd. Nathan, p. 37.)

126. Cf. Marx « Introduction » aux *Fondements de la critique de l'économie politique :* « L'histoire universelle n'a pas existé de tous temps : elle est le résultat de toute l'histoire antérieure. »

127. Cf. *Le Capital* Livre I Chap. 14 : « La manufacture révolutionne de fond en comble le mode de travail individuel et attaque à sa racine la force de travail. Elle estropie le travailleur, fait de lui quelque chose de monstrueux en activant le développement factice de sa dextérité de détail, en sacrifiant tout un monde de dispositions et d'instincts producteurs, de même que, dans les États de la Plata, on immole un taureau pour sa peau et son suif. »

Il va de soi que la grande industrie ne parvient pas au même degré de perfectionnement

< dans tous pays ni >

dans toutes les régions d'un même pays. Cependant cela n'arrête pas le mouvement de classe du prolétariat, puisque les prolétaires engendrés par la grande industrie prennent la tête de ce mouvement et entraînent toute la masse avec eux, et que les ouvriers exclus[128] de la grande industrie sont réduits à des conditions d'existence pires que celles des ouvriers de la grande industrie même. De même, les pays où s'est développée la grande industrie agissent sur les pays « *plus ou moins* » (1) dépourvus d'industrie dans la mesure où ceux-ci sont entraînés par le commerce mondial dans la lutte de la concurrence universelle.

Ces différentes formes sont autant de formes de l'organisation du travail et donc de la propriété. A toute époque, il s'est produit une union des forces productives existantes, dans la mesure où les besoins l'avaient rendue nécessaire.

Cette contradiction entre les forces productives et le mode d'échanges, laquelle – nous l'avons vu – s'est produite déjà à plusieurs reprises dans l'histoire sans pour autant mettre en péril leur fondement, a toujours éclaté nécessairement chaque fois en une révolution revêtant en même temps différentes formes secondaires telles que totalité des conflits, conflits entre différentes classes, contradictions de la conscience, combat des idées, etc., combat politique, etc. D'un point de vue borné, on peut dès lors choisir une de ces formes secondaires pour la considérer comme le fondement de ces révolutions. Cela est d'autant plus facile que les individus qui étaient à l'origine des révolutions se faisaient eux-mêmes des illusions sur leur propre activité selon leur degré de culture et le degré de l'évolution historique.

Par conséquent, à notre avis, tous les conflits de l'histoire trouvent leur origine dans la contradiction entre les forces productives et le mode d'échanges. Il n'est d'ailleurs pas nécessaire, pour que cette contradiction mène à des conflits dans un pays, qu'elle soit poussée à l'extrême dans ce pays même. Provoquée par l'extension du commerce international, la concurrence avec des pays dont l'industrie est plus développée suffit pour engendrer une contradiction similaire dans des pays à industrie moins évoluée (par exemple, la concurrence de l'industrie anglaise fait apparaître le prolétariat latent en Allemagne).

128. Ces travailleurs exclus de la grande industrie forment ce que Marx appellera ultérieurement « l'armée industrielle de réserve ». L'antagonisme entre les nécessités techniques de la grande industrie et les caractères sociaux qu'elle revêt sous le régime capitaliste fait naître, selon la formule du *Capital,* « la monstruosité » d'une armée industrielle de réserve, tenue dans la misère, afin d'être toujours disponible pour la demande capitaliste.

(1) En français dans le texte.

La concurrence isole les individus les uns des autres, pas seulement les bourgeois mais encore davantage les prolétaires[129] tout en les rassemblant. C'est pourquoi il s'écoule bien du temps avant que ces individus puissent s'unir, abstraction faite de la nécessité pour cette union – si on veut qu'elle ne soit pas purement locale – de ce que la grande industrie en ait d'abord produit les moyens indispensables, les grandes cités industrielles et les communications rapides et bon marché ; c'est pourquoi en face de ces individus isolés vivant dans des conditions reproduisant tous les jours cet isolement, on ne peut vaincre une puissance organisée qu'au prix de longs combats. Exiger le contraire reviendrait à exiger que la concurrence n'existe pas à cette époque déterminée de l'histoire ou que les individus s'ôtent de la tête les conditions sur lesquelles, en raison de leur isolement, ils n'exercent aucun contrôle.

129. Ce thème est déjà abordé par Engels dans *La Situation de la classe laborieuse en Angleterre* (1845) : « La concurrence est l'expression la plus parfaite de la guerre de tous contre tous qui fait rage dans la société bourgeoise moderne. Cette guerre, guerre pour la vie, pour l'existence, pour *tout* et qui peut donc être, le cas échéant, une guerre à mort, met aux prises non seulement les différentes classes de la société, mais encore les différents membres de ces classes. [...] Les travailleurs se font concurrence tout comme les bourgeois se font concurrence. »

Construction des maisons. Chez les sauvages, il va de soi que chaque famille a sa caverne ou sa hutte propre, comme chez les nomades, une tente particulière pour chaque famille. Cette économie domestique séparée n'est rendue que plus indispensable par l'évolution ultérieure. Chez les peuples agriculteurs, l'économie domestique commune est aussi impossible que la culture en commun du sol. L'apparition des villes fut un pas en avant considérable. Cependant, dans toutes les périodes passées, la suppression de l'économie séparée, nécessairement liée à la suppression de la propriété privée, était impossible ne serait-ce que pour cette simple raison que ses conditions matérielles faisaient défaut. L'organisation d'une économie domestique commune nécessite au préalable le développement du machinisme, l'utilisation des forces naturelles et de nombreuses autres forces productives – par exemple, des conduites d'eau, de l'éclairage au gaz, du chauffage à la vapeur – la suppression de l'opposition entre ville et campagne. Sans ces conditions, l'économie communautaire ne serait pas une nouvelle force productive, elle serait dépourvue de tout fondement matériel, elle n'aurait qu'une base purement théorique, autrement dit, ne serait qu'une marotte et ne parviendrait qu'à une économie monacale. Ce qui était possible, on le voit, dans l'urbanisation et la construction de bâtiments communs à des fins déterminées (prisons, casernes, etc.). Il va de soi que la suppression de l'économie séparée est inséparable de la suppression de la famille.

(Chez saint Max, on lit fréquemment que chacun est ce qu'il est grâce à la médiation de l'État, cette affirmation revient au fond à dire que le bourgeois n'est qu'un exemplaire du genre *bourgeois;* affirmation qui présuppose que la *classe* des bourgeois existait déjà avant les individus qui la constituent.) (1).

(1) Remarque marginale de Marx : *préexistence* de la classe chez les philosophes.

Au Moyen-Age, dans chaque ville, les bourgeois étaient contraints de s'unir contre la noblesse campagnarde pour défendre leur peau ; l'extension du commerce et l'établissement des communications amenèrent chaque ville à lier connaissance avec d'autres villes qui avaient fait triompher les mêmes intérêts en luttant contre le même adversaire (1). Ce n'est que très progressivement que la *classe* bourgeoise se forma à partir d'un grand nombre de bourgeoisies locales des différentes villes. Par

< par leur réunion, ces conditions de vie individuelles devinrent les conditons de vie communes d'une classe >

l'opposition aux rapports existants et le mode de travail que cette opposition déterminait, les conditions de vie de chaque bourgeois devinrent en même temps les conditions qui étaient communes à tous et indépendantes de chacun en particulier. Les bourgeois avaient créé ces conditions pour autant qu'ils étaient libérés des liens féodaux, et ils avaient été créés par ces conditions dans la mesure où ils étaient conditionnés par leur opposition à la féodalité qu'ils trouvaient devant eux. Les liaisons une fois établies entre les différentes villes, ces conditions communes se transformèrent en conditions de classe. Les mêmes conditions, la même opposition, les mêmes intérêts devaient faire naître en gros aussi partout les mêmes mœurs. La bourgeoisie elle-même ne se développe que petit à petit en même temps que ses conditions ; elle se scinde à son tour en différentes fractions selon la division du travail et absorbe (2) finalement toutes les classes possédantes qui existaient déjà (alors qu'elle transforme en une nouvelle classe le prolétariat, la majorité de la classe non possédante qui existait déjà et une partie de la classe auparavant possédante), dans la mesure où la propriété qu'elle trouve devant elle se convertit en capital commercial ou industriel. Les individus isolés forment une classe seulement pour autant qu'ils ont à mener un combat commun contre une autre classe ; pour le reste, ils se retrouvent ennemis par le jeu de la concurrence. Par ailleurs, la classe se détache à son tour des individus, si bien que ceux-ci trouvent leurs conditions de vie créées d'avance ; la classe leur assigne leur position dans la vie et donc leur assigne leur carrière personnelle ; les individus lui sont subordonnés. Ce phénomène est le même que la subordi-

---

(1) *Variante* initiale : amenèrent plusieurs villes à s'unir, union qui s'expliquait par l'identité de leurs intérêts face aux seigneurs féodaux.

(2) Remarque marginale de Marx : elle absorbe d'abord toutes les branches de travail rattachées à l'État, ensuite toutes les catégories sociales (plus ou moins) idéologiques.

nation des individus isolés à la division du travail et il ne peut être éliminé que par la suppression de la propriété privée[130] et du travail lui-même. Comment cette subordination des individus à leur classe devient en même temps subordination à toutes sortes d'idées, etc., nous l'avons indiqué à plusieurs reprises.

A considérer *philosophiquement* cette évolution des individus dans

> < A considérer philosophiquement, dans leurs conditions d'existence en partie données, en partie résultant du développement de ces conditions données >

les conditions d'existence communes des ordres et des classes, tels que se succèdent historiquement, et dans les idées générales qui leur sont imposées par là, on peut, il est vrai, s'imaginer facilement que le Genre ou l'Homme s'est développé dans ces individus ou que ceux-ci ont développé l'Homme ; par ces vues de l'imagination, on administre quelques gifles retentissantes à l'histoire. Cela permet de concevoir ces différents ordres et ces différentes classes comme des spécifications du terme général, comme des sous-espèces du Genre, comme des phases de l'évolution de l'Homme.

Cette subordination des individus à des classes déterminées ne peut être supprimée avant que se soit formée une classe qui n'aurait plus à faire prévaloir aucun intérêt de classe déterminé contre la classe dominante[131].

La transformation des forces personnelles (relations) en forces objectives suscitée par la division du travail, on ne peut pas la supprimer en s'en ôtant l'idée générale de la tête ; pour y parvenir, il faut que les individus contrôlent de nouveau ces forces objectives et suppriment la division du travail (1). Cela est impossible sans la communauté.

> <et impossible sans le libre et total développement de l'individu, résultat de la communauté. >

C'est seulement dans la communauté que l'individu trouve les moyens nécessaires pour développer ses aptitudes dans tous les sens ; c'est seulement dans la communauté que la liberté personnelle est donc possible. Dans les succédanés de communauté, passés et présents, dans l'État, etc., la liberté personnelle n'existait que pour les individus qui s'étaient développés dans les conditions de la classe

130. Cf. Marx, *Manuscrits de 1844* : « De ce rapport du travail aliéné à la propriété privée, il résulte en outre que l'émancipation de la société de la propriété privée, etc., de la servitude, s'exprime sous la forme *politique* de l'*émancipation des ouvriers,* non pas comme s'il s'agissait seulement de leur émancipation, mais parce que celle-ci implique l'émancipation universelle de l'homme. »

131. Ce passage est à rapprocher de l'« Introduction » à *Pour une critique de la philosophie du droit de Hegel* parue en allemand à Paris dans le numéro des *Annales franco-allemandes* (février 1844).
Un substantiel développement y est consacré à l'émancipation *générale* de la société à partir de la situation *particulière* d'une classe sociale : « ... cet élan de l'enthousiasme, cet élan où elle fraternise avec la société dans son ensemble, et converge avec elle, un mouvement où elle se confond avec elle et où elle est ressentie et reconnue comme le *représentant général* de cette société ; un mouvement où ses exigences et ses droits... ».

(1) Remarque marginale d'Engels : (Feuerb(ach) : Être et Essence).

dominante[132] et seulement à condition d'être des individus de cette classe. La communauté apparente que les individus ont formée jusqu'à présent se détachait toujours d'eux : union d'une classe face à une autre, elle était non seulement une communauté tout à fait illusoire pour la classe dominée, mais encore une nouvelle chaîne. Dans une communauté réelle, les individus acquièrent leur liberté à la fois dans et par leur association.

Les individus se sont toujours pris eux-mêmes comme point de départ, naturellement eux-mêmes dans le cadre de leurs conditions et de leurs rapports historiques donnés, et non pas de l'individu « pur » au sens où l'entendent les idéologues. Cependant, au cours du développement historique et précisément par l'autonomisation des rapports sociaux résultant inévitablement de la division du travail, une différence apparaît entre la vie de tout individu pour autant qu'elle est personnelle, et sa vie pour autant qu'elle est assujettie à une branche quelconque du travail et aux conditions inhérentes à celle-ci. (Il ne faut pas comprendre cela dans le sens que par exemple le rentier, le capitaliste, etc., cessent d'être des personnes ; mais leur personnalité est conditionnée et déterminée par des rapports de classe précis, et cette différence ne leur apparaît opposée à une autre classe et ne leur apparaît à eux-mêmes que lorsqu'ils font banqueroute.) Dans l'ordre corporatif (encore davantage dans la tribu), on n'en voit encore rien ; par exemple, un noble reste toujours un noble, un roturier reste toujours un roturier, en dehors de ses autres conditions, c'est une qualité inséparable de son individualité. La différence entre l'individu personnel et l'individu comme membre d'une classe, le hasard des conditions de la vie pour l'individu n'apparaissent qu'avec la classe, elle-même un produit de la bourgeoisie. C'est la concurrence et la lutte entre les individus qui engendrent et développent cette contingence en tant que telle. Par conséquent, dans la représentation, les individus sont sous la domination de la bourgeoisie plus libres qu'avant, parce que leurs conditions de vie leur apparaissent comme contingentes ; dans la réalité, ils sont naturellement moins libres parce qu'ils sont davantage assujettis à une puissance objective[133]. La différence avec l'ordre corporatif se manifeste notamment dans l'opposition de la bourgeoisie au prolétariat. Lorsque l'ordre des bourgeois, des citadins, les corporations, etc., apparurent face à la noblesse campagnarde, leurs conditions d'existence – propriété mobilière et travail artisanal qui avaient déjà existé d'une manière latente avant d'être séparés du système féodal – se montrèrent comme une chose positive que l'on fait valoir contre la propriété féodale et qui, pour cela aussi, reprirent d'abord la forme féodale à leur façon. Il est vrai, les serfs fugitifs considéraient leur servage antérieur comme une chose

132. Un analyse détaillée de cette « liberté personnelle » est menée par Engels et Marx dans *La Sainte Famille*, à propos des « Droits de l'Homme ». « *Les droits de l'homme* ne libèrent donc pas l'homme de la religion, mais lui assurent la *Liberté de la religion* ; ne le libèrent pas de la propriété, mais lui procurent la *Liberté de propriété* ; ne le libèrent pas de la nécessité de gagner sa vie de façon plus ou moins propre, mais lui accordent au contraire la *Liberté d'entreprise*.
On a démontré comment la *reconnaissance des droits de l'homme* par *l'État moderne* ne signifie pas autre chose que la *reconnaissance de l'esclavage* par *l'État antique*. La *base naturelle* de l'État antique, c'était l'esclavage ; celle de *l'État moderne*, c'est la société bourgeoise, *l'homme* de la société bourgeoise, c'est-à-dire l'homme indépendant, qui n'est rattaché à autrui que par le lien de l'intérêt privé et de la nécessité naturelle, *dont il n'a pas conscience*, *l'esclavage* du travail intéressé, de son propre besoin *égoïste* et du besoin *égoïste* d'autrui. »

133. Le thème du rapport entre « l'individu personnel » et « l'individu en tant que membre d'une classe » est développé par Marx, dans *La Sainte Famille*.
« Dans le monde moderne, tout individu est *à la fois* esclave et membre de la communauté. Mais *l'esclavage de la société bourgeoise* constitue, *en apparence*, la plus grande liberté, parce que c'est apparemment l'accomplissement de *l'indépendance* individuelle, l'individu prenant pour sa liberté *propre* le mouvement anarchique des éléments de sa vie, qui lui sont devenus étrangers comme par exemple, la propriété, l'industrie, la religion, etc. »

contingente par rapport à leur personnalité. Ils agissaient en cela comme toute autre classe qui se délivre d'une chaîne. Puis, ils ne se libéraient pas en tant que classe, mais en individus isolés. En outre, ils ne sortaient pas du système corporatif, ils se contentèrent de créer une nouvelle corporation et ils conservèrent leur mode de travail antérieur dans leur situation nouvelle et le développèrent en le libérant des liens antérieurs qui ne correspondaient plus au stade de développement qu'ils avaient atteint.

Au contraire, chez les prolétaires, leur condition de vie, le travail et donc toutes les conditions d'existence de la société actuelle sont devenues quelque chose de contingent[134] que les prolétaires individuels ne contrôlent pas; et aucune organisation *sociale* ne peut leur donner (1) ce contrôle. La contradiction (...) (2) entre la personnalité du prolétaire individuel et la condition de vie qui lui est imposée, le travail apparaît à lui-même d'autant plus qu'il est sacrifié dès sa jeunesse, et qu'au sein de sa classe il n'a aucune chance de parvenir aux conditions qui le placeraient dans une autre classe.

N.B. Ne pas oublier que la nécessité des serfs de subsister, où ceux-ci se trouvaient, et l'impossibilité d'une grande exploitation, suite à la distribution des allotements (3) entre ces serfs, ont tôt fait de réduire les obligations de ces serfs envers le seigneur féodal à une moyenne de livraisons en nature et de corvées; cela permit au serf d'accumuler des biens mobiliers, facilitant ainsi son évasion de la propriété de son seigneur en lui ouvrant la perspective de faire son chemin comme citadin; cela établit une hiérarchie parmi les serfs, si bien qu ceux des serfs qui s'évadaient étaient déjà à moitié des bourgeois. Il est évident aussi que les serfs versés dans un métier avaient les meilleures chances d'acquérir des biens mobiliers.

Pendant que les serfs fugitifs ne voulaient que développer librement leurs conditions d'existence déjà établies pour les faire valoir, sans parvenir ainsi, en dernière instance, à autre chose qu'à un travail indépendant, les prolétaires, eux, pour s'affirmer en tant que personnes, doivent supprimer leur propre condition d'existence précédente, qui est en même temps celle de toute la société jusqu'à nos jours, autrement dit supprimer le travail. De ce fait, ils se trouvent en opposition directe à la forme par laquelle les individus de la société se sont donné jusqu'à présent une

134. Aussi, comme l'indique Marx dans les *Manuscrits de 1844,* « Il va de soi que l'économie politique ne considère *le prolétaire,* c'est-à-dire celui qui, sans capital ni rente foncière, vit uniquement du travail et d'un travail unilatéral et abstrait, que comme un *ouvrier.* Elle peut donc établir en principe que, tout comme n'importe quel cheval, il doit gagner assez pour pouvoir travailler. Elle ne le considère pas dans le temps où il ne travaille pas, en tant qu'homme, mais elle en laisse le soin à la justice criminelle, aux médecins, à la religion, aux tableaux statistiques, à la politique et au prévôt des mendiants ».

(1) *Variante* initiale : sur quoi l'organisation *sociale* ne peut leur donner aucun contrôle.
(2) Passage abîmé dans le manuscrit.
(3) Parcelles. ,

expression générale, l'État, et ils doivent renverser l'État pour affirmer leur personnalité.

Il ressort de tout ce que nous avons dit jusqu'à présent

< les individus qui se sont libérés à toute époque de l'histoire se sont limités à développer leurs conditions d'existence déjà établies, qui leur étaient transmises >

que les rapport communautaires dans lesquels entraient les individus d'une classe et qui étaient régis par leurs intérêts communs devant un tiers, furent toujours une communauté qui regroupait ces individus uniquement en qualité d'individus moyens, uniquement pour autant qu'ils vivaient les conditions d'existence de leur classe ; ils participaient à ces rapports non en qualité d'individus mais en qualité de membres d'une classe. Au contraire, dans la communauté des prolétaires révolutionnaires qui mettent sous leur contrôle leurs propres conditions d'existence et celles de tous les membres de la société, c'est l'inverse qui se produit : à cette communauté, les individus participent en tant qu'individus. C'est cette association des individus (le développement des forces productives en était naturellement la condition) qui place les conditions du libre développement des individus et de leur mouvement sous son contrôle, alors que par le passé elles étaient livrées au hasard et s'étaient autonomisées face aux individus isolés, du fait justement de leur séparation en tant qu'individus et de leur association nécessaire que la division du travail avait imposée et qui était devenue, du fait de cette séparation, un lien qui leur était étranger. (Nullement volontaire comme on la présente par exemple dans le *Contrat Social*[135], mais nécessaire) l'association connue jusqu'ici n'était qu'une association (cf. par exemple la formation de l'État de l'Amérique du Nord et les républiques de l'Amérique du Sud) fondée sur ces conditions à l'intérieur desquelles les individus jouissaient de la contingence. Pouvoir jouir tranquillement de la contingence à l'intérieur de certaines conditions, c'est ce qu'on appelait jusqu'à présent la liberté personnelle. Naturellement ces conditions d'existence ne sont que les forces productives et les modes d'échanges propres à chaque époque.

Le communisme se distingue de tous les mouvements antérieurs en ce qu'il bouleverse les fondements de tous les rapports de production et d'échanges précédents, et qu'il considère pour la première fois consciemment toutes les conditions naturelles comme des créations des générations passées en ôtant leur caractère naturel et en les soumettant à la puissance des individus unis. C'est pourquoi son instauration, c'est-à-dire la création matérielle des conditions de l'union de ces individus, est essentiellement économique[136] ; elle transforme les conditions existantes en

135. Jean-Jacques Rousseau, *Du contrat social* (ou principes du droit politique) Amsterdam 1762. « Trouver une forme d'association qui défende et protège de toute la force commune la personne et les biens de chaque associé, et par laquelle chacun, s'unissant à tous, n'obéisse pourtant qu'à lui-même, et reste aussi libre qu'auparavant. » Tel est le problème fondamental dont le Contrat social donne la solution. *Du contrat social* Livre I Chap. 6 « Du Pacte social ».

136. Cf. Friedrich Engels, *Principes du communisme :* « La grande industrie, libérée des contraintes de la propriété privée, connaîtra une extension en regard de laquelle son développement actuel apparaîtra aussi mesquin que la manufacture comparée à la grande industrie moderne. »

conditions de l'union. La situation que crée le communisme est le fondement réel qui rend impossible toute situation existant indépendamment de l'individu, pour autant que cette situation est simplement un produit des échanges antérieurs des individus entre eux-mêmes. Par conséquent, les communistes traitent pratiquement comme conditions inorganiques les conditions créées par la production et le commerce avant eux[137] sans pour autant s'imaginer que le plan ou la destination des générations antérieures aient été de leur fournir des matériaux, sans croire non plus que ces conditions aient été inorganiques aux yeux des individus qui les avaient créées. La différence entre individu en tant que personne et individu produit contingent n'est pas une distinction entre concepts, c'est un fait historique. Cette distinction a un sens différent à des époques différentes ; par exemple, l'ordre est pour l'individu du XVIIIe siècle quelque chose de contingent, la famille *aussi plus ou moins* (1). Cette distinction, ce n'est pas nous qui devons la faire pour chaque époque, mais chaque époque la fait elle-même parmi les différents éléments qu'elle trouve à son début ; elle la fait d'ailleurs non pas selon un concept, mais contrainte par les conflits matériels de la vie. Ce qui apparaît comme contingent à l'époque postérieure par opposition à l'époque antérieure, même parmi les éléments hérités de cette époque antérieure, est un mode d'échanges correspondant à un développement déterminé des forces productives. Le rapport entre forces productives et mode d'échanges est le rapport entre mode d'échanges et action ou activité

< Activité personnelle >

des individus. (La forme fondamentale de cette activité

< Activité personnelle >

est naturellement la forme matérielle dont dépend toute autre forme, intellectuelle, politique, religieuse, etc. Évidemment, l'organisation de la vie matérielle varie toujours en fonction des besoins déjà développés ; la production de ces besoins, aussi bien que leur satisfaction, est elle-même un processus historique qu'on ne rencontre jamais chez un mouton ou chez un chien – argument capital et abracadabrant de Stirner *adversus hominem*, bien que mouton et chien soient dans leur forme actuelle, mais *malgré eux* (2) les produits d'un processus historique.) Aussi long-

137. Cf. Karl Marx, *Le 18 Brumaire de Louis Bonaparte :* « La révolution sociale du XIXe siècle ne peut pas tirer sa poésie du passé, mais seulement de l'avenir, elle ne peut pas commencer avec elle-même avant d'avoir liquidé complètement toute superstition à l'égard du passé. » (Éd. Sociales, p. 18.)

(1) En français dans le texte.
(2) En français dans le texte.

temps que la contradiction n'est pas apparue, les conditions dans lesquelles les individus nouent des relations entre eux sont des conditions inhérentes à leur individualité, elles ne leur sont pas extérieures et elles sont les seules à permettre à ces individus déterminés et existant dans une situation déterminée de produire leur vie matérielle et tout ce qui s'ensuit ; ce sont donc les conditions de leur activité propre et elles sont produites (1) par cette activité propre. Par conséquent, tant que la contradiction n'est pas encore apparue, la condition déterminée dans laquelle les individus produisent correspond à leur caractère conditionnel réel, à leur existence étroite dont l'étroitesse ne se montre qu'avec l'apparition de la contradiction et qui donc n'existe que pour les générations ultérieures. Alors cette condition apparaît comme une entrave fortuite, et on attribue aussi à l'époque antérieure la conscience qu'elle est une entrave.

Ces différentes conditions qui apparurent d'abord comme des conditions de l'activité propre, plus tard comme des entraves de celle-ci, forment dans toute l'évolution historique une succession cohérente de modes d'échanges ; leur cohérence consiste en ce qu'on substitue au mode d'échanges antérieur, devenu une entrave[138], un nouveau mode correspondant aux forces productives plus développées, et de ce fait, à une manière plus avancée de l'activité propre des individus ; ce mode devient à son tour (2) une entrave, et on le remplace par un autre[139]. A chaque stade, ces conditions correspondent au développement simultané des forces productives. C'est pourquoi leur histoire est en même temps l'histoire des forces productives qui se développent et sont reprises en charge par chaque nouvelle génération, et elle est de ce fait l'histoire du développement des forces des individus eux-mêmes.

Se déroulant spontanément, c'est-à-dire sans être subordonné à un plan d'ensemble[140] arrêté par des individus librement associés, ce développement part d'endroits différents, de tribus, de nations, de branches d'activité différentes, etc., dont chacune se développe d'abord isolément et n'entre que peu à peu en liaison avec les autres. De plus, il n'avance que très lentement ; les différents stades et intérêts ne sont jamais complètement dépassés, mais seulement subordonnés à l'intérêt triomphant, à côté duquel ils se traînent encore pendant des siècles[141]. Il s'ensuit qu'au sein d'une même nation, les individus connaissent des développements tout à fait différents, même abstraction faite de leur situation de fortune ; il s'ensuit également qu'un

(1) Remarque marginale de Marx : production du mode d'échanges lui-même.

(2) En français dans le texte.

138. Henri Heine (1797-1856), qui fut un temps un familier de Marx, exprime à sa manière, et de façon beaucoup moins conceptuelle, dans *De la France* cette même idée : « Quand la civilisation d'un peuple et les mœurs et les besoins qui en sont le résultat ne sont plus en harmonie avec les vieilles institutions politiques, il s'élève contre ces dernières un combat de nécessité, qui en amène la refonte et qu'on appelle révolution. »

139. C'est ce mouvement même qui pour Engels et Marx rend possible le « nouvel ordre social » que constitue le communisme. Cf. Friedrich Engels, *Principes du communisme :* « La suppression de la propriété privée constitue même l'expression la plus concise et la plus caractéristique de la transformation de l'organisation sociale dans son ensemble qu'appelle nécessairement le développement de l'industrie, et c'est pourquoi les communistes en font, à juste titre, leur revendication principale. »

140. Cf. Friedrich Engels, « Lettre à W. Borgius » (25 janvier 1894) : « Les hommes font leur histoire eux-mêmes, mais jusqu'ici non pas selon une volonté d'ensemble et selon un plan global, pas même dans une société donnée aux limites définies. Leurs efforts se contrecarrent, et c'est précisément la raison pour laquelle règne, dans toutes les sociétés de ce genre, la *nécessité* dont le complément et la manifestion sont le hasard. »

141. Cf. Ludwig Feuerbach, *L'Essence du christianisme :* « Il en va de l'histoire des dogmes et des spéculations comme de l'histoire des États. Des usages, des droits et des institutions très anciens continuent à traîner leur existence longtemps après avoir perdu leur sens. Ce qui a été une fois, ne veut pas abandonner son droit à l'éternité.

intérêt antérieur, dont le mode d'échanges particulier est déjà supplanté par un autre lié à un intérêt ultérieur, est encore pour longtemps en possession d'une puissance traditionnelle dans la communauté apparente (État, droit) et devenue autonome en face des individus ; en dernière instance, seule la révolution[142] est capable de briser cette puissance. Cela explique aussi pourquoi, quand il s'agit de points particuliers qui permettent une synthèse plus générale, la conscience peut paraître, parfois, en avance sur les conditions empiriques contemporaines, si bien que, dans les combats d'une époque ultérieure, on peut s'appuyer sur des théories antérieures comme sur une autorité.

En revanche, dans des pays comme l'Amérique du Nord, qui débutent d'emblée à une époque de l'histoire déjà avancée, le développement est très rapide. De tels pays n'ont pour prémisses naturelles que des individus qui s'y établissent, poussés par les modes d'échanges des vieux pays qui ne correspondaient pas à leurs besoins. Ils débutent donc avec les individus, avant même que ces modes n'aient pu s'imposer dans les vieux pays. C'est le cas de toutes les colonies pour autant qu'elles ne sont pas simplement des bases militaires ou des établissements commerciaux. Carthage, les colonies grecques et l'Islande aux XIe et XIIe siècles nous en offrent des exemples. Une situation semblable se présente en cas de conquête, lorsqu'on transporte tout fait dans le pays conquis le mode d'échanges qui s'est développé sur un autre sol ; alors que dans son pays d'origine, ce mode était encore grevé d'intérêts et de conditions des époques antérieures, il est possible et nécessaire de l'imposer dans le pays conquis intégralement et sans entraves, ne fût-ce que pour assurer au conquérant une puissance durable. (L'Angleterre et Naples : après la conquête normande, elles furent dotées de la forme la plus accomplie de l'organisation féodale.)

Toute cette conception de l'histoire, le fait de la conquête semble le contredire. Jusqu'à présent, on a fait de la violence[143], de la guerre, du pillage, du crime crapuleux, etc., la force motrice de l'histoire. Ici, il nous faut nous limiter aux points principaux[144] et c'est pourquoi nous ne choisissons qu'un exemple très frappant : la destruction d'une vieille civilisation par un peuple barbare et la formation d'une nouvelle structure sociale, qui part de cette vieille civilisation et qui repart à zéro. (Rome et les barbares, la féodalité et la Gaule, l'empire d'Orient et les Turcs.) Pour le peuple barbare conquérant, la guerre elle-même est encore, comme nous l'avons déjà indiqué plus haut, un mode d'échanges normal, qu'il exploite avec d'autant plus de zèle que l'accroissement de la population crée un besoin plus pressant de nouveaux moyens de production, chez ce peuple pour qui le traditionnel mode de production rudimentaire est le seul possible. En revanche,

142. Pour Hegel, il y a dans le cours de l'histoire « le moment de la conservation ». Mais, dit-il, « il existe un autre moment : c'est le moment où l'ordre existant est détruit parce qu'il a épuisé et complètement réalisé ses potentialités, parce que l'histoire et l'esprit du monde sont allés plus loin. (...) Ce progrès est intimement lié à la destruction et à la dissolution de la forme précédente du réel, laquelle a complètement réalisé son concept. » *La Raison dans l'Histoire.*

143. Sur cette question du « rôle de la violence dans l'histoire » Engels y consacrera trois chapitres de son *Anti-Dühring* (1878) – avec une place particulière accordée à l'histoire militaire. Pour Engels la violence – qui peut jouer un rôle révolutionnaire « d'accoucheuse » – est déterminée par l'état économique (et non l'inverse).

144. Dans l'« Introduction » à la *Critique de l'économie politique,* Marx propose cette distinction : « Dans toute conquête, il y a trois possibilités. Le peuple conquérant impose au peuple conquis son propre mode de production (par exemple les Anglais en Irlande au cours de ce siècle, partiellement aux Indes) ; ou bien il laisse subsister l'ancien mode de production et se contente de prélever un tribut (par exemple les Turcs et les Romains) ; ou bien il se produit une action réciproque qui donne naissance à quelque chose de nouveau, à une synthèse (partiellement dans les conquêtes germaniques). »

en Italie, la concentration de la propriété foncière (causée non seulement par l'accaparement, l'endettement mais aussi par l'héritage car l'extrême dérèglement des mœurs et la rareté des mariages provoquèrent l'extinction progressive des vieilles familles et firent échoir leurs biens aux mains d'un petit nombre) et la transformation de cette propriété en pâturages (causée, en dehors des causes économiques ordinaires valables encore aujourd'hui, par l'importation des céréales volées ou extorquées à titre de tribut, et par le manque de consommateurs pour le blé, qui s'ensuivit) firent disparaître presque complètement la population libre et les esclaves eux-mêmes ne cessaient de s'éteindre et devaient être constamment remplacés. L'esclavage demeura la base de l'ensemble de la production. Les plébéins, placés entre les hommes libres et les esclaves, ne réussirent jamais à être plus qu'un *Lumpenproletariat,* qu'un sous-prolétariat. D'ailleurs, Rome ne dépassa jamais les limites de la ville, et entretenait avec les provinces des rapports presque uniquement politiques, que des événements politiques pouvaient naturellement rompre à leur tour.

Rien n'est plus courant que l'idée selon laquelle il s'est agi jusqu'à présent dans l'histoire uniquement de *prendre.* Les barbares *prennent* l'Empire romain et c'est par cette prise qu'on explique le passage du monde antique à la féodalité. Dans cette prise de possession par les barbares, il s'agit toutefois de savoir si la nation dont ils s'emparent a développé des forces productives industrielles, c'est le cas chez les peuples modernes, ou bien si ses forces productives reposent essentiellement sur la réunion et

< leur action commune pour autant que c'est possible >

sur la communauté. En outre, la prise est conditionnée par son objet[145]. Il est tout à fait impossible de prendre la fortune d'un banquier, qui consiste en papiers, sans se soumettre aux conditions de production et d'échanges du pays pris. Il en est de même de l'ensemble du capital industriel d'un pays industriel moderne. Et finalement la prise de possession arrive partout rapidement à son terme, et quand il n'y a plus rien à prendre, il faut bien se mettre à produire. Il s'ensuit de la nécessité de produire, prompte à se manifester, que la forme de communauté adoptée par les conquérants en train de s'installer doit correspondre au stade du développement des forces productives qu'ils ont trouvées, ou si ce n'est pas d'emblée le cas, la forme de communauté doit se transformer en fonction des forces productives. Ainsi, s'explique aussi ce fait qu'on croit avoir remarqué partout au temps consécutif à la migration des peuples (aux grandes invasions) : en réalité le valet était le maître, et les conquérants adoptèrent fort vite la langue, la culture et les mœurs des peuples conquis.

145. Cette notion est reprise par Marx dans son « Introduction » à la *Critique de l'économie politique » :* « C'est une représentation traditionnelle que dans certaines périodes on n'aurait vécu que de pillage. Mais pour pouvoir piller, il faut qu'il existe quelque chose à piller, donc une production. Et le type de pillage est lui-même, à son tour, déterminé par le type de production. Une *Stock jobbing nation* (nation de spéculateurs en Bourse) par exemple ne peut pas être pillée comme une nation de vachers. »

La féodalité ne fut nullement apportée toute faite d'Allemagne ; son origine remonte à l'organisation militaire de l'armée des conquérants pendant la conquête elle-même, et après cette conquête, cette organisation se transforma en féodalité proprement dite sous l'influence exercée par les forces productives trouvées dans les pays conquis. L'échec des tentatives effectuées pour imposer d'autres formes venant des réminiscences de l'ancienne Rome (Charlemagne, etc.) montre à quel point la forme féodale était conditionnée par les forces productives. A continuer.

Dans la grande industrie et la concurrence, toutes les conditions d'existence, les déterminations et les étroitesses des individus se sont réduites aux deux formes les plus simples : la propriété privée et le travail. Avec l'argent, toute forme d'échanges et l'échange lui-même sont posés devant les individus comme des faits contingents. Il est donc inhérent à l'argent que tout échange antérieur était échange entre individus dans des conditions déterminées et non entre individus en tant qu'individus. Ces conditions se réduisent à deux : travail accumulé ou propriété privée d'un côté, travail réel de l'autre. Si l'une de ces conditions disparaît, l'échange est bloqué. Les économistes modernes eux-mêmes – par exemple, Sismondi, Cherbuliez, etc. – opposent *l'association des individus* à *l'association* des capitaux (1). D'autre part les individus eux-mêmes sont totalement assujettis à la division du travail, et, de ce fait, placés dans une complète dépendance les uns à l'égard des autres[146]. Pour autant que la propriété privée s'oppose au travail à l'intérieur du travail, elle se développe en raison de la nécessité de l'accumulation et conserve encore au début la forme de la communauté ; mais dans son développement ultérieur, elle se rapproche de plus en plus de la forme moderne de la propriété privée. Par la division du travail, nous avons simultanément une division des *conditions* de travail, des instruments et des matériaux, donc l'éparpillement entre le capital et le travail et les différentes formes de la propriété elle-même. Plus cette division du travail se développe et que l'accumulation augmente, et plus l'éparpillement s'accentue. Le travail lui-même ne peut subsister qu'à la condition de ce morcellement.

146. Dans les *Principes de la philosophie du droit,* Hegel insiste sur cette dépendance mutuelle : « Par cette division, non seulement le travail de l'individu devient plus simple, mais l'habileté de son travail abstrait et la quantité de ses produits deviennent plus grandes. Du même coup, cette abstraction de l'habileté et du moyen rend plus complets la dépendance et les rapports mutuels entre les hommes pour la satisfaction des autres besoins, au point d'en faire un nécessité absolue. »

(Énergie personnelle des individus de différentes nations – Allemands et Américains – Énergie aussi en vertu du croisement des races – de là le crétinisme des Allemands – en France, Angleterre, etc., des peuples étrangers transplantés sur un sol déjà évolué, en Amérique sur un sol tout à fait neuf, en Allemagne la population primitive restée tranquillement sur place.)

(1) En français dans le texte.

Deux faits apparaissent donc ici. Premièrement, les forces productives se présentent comme totalement indépendantes et détachées des individus, comme un monde à part, à côté des individus, et en voici la raison : les individus, dont elles sont les forces, existent dispersés et en opposition les uns contre les autres, alors que d'autre part ces forces ne sont des forces réelles que dans l'échange et les rapports entre ces individus (1). Par conséquent, d'une part, la totalité des forces productives qui ont pris en quelque sorte une forme objective et ne sont plus pour les individus les forces des individus, mais celles de la propriété privée, donc celles des individus seulement pour autant qu'ils sont des propriétés privées. A aucune période antérieure, les forces productives n'avaient pris cette forme indifférente au commerce des individus *en tant* qu'individus, parce que ce commerce était encore limité. D'autre part, en face de ces forces productives, on voit se dresser la majorité des individus dont ces forces se sont détachées : privés de tout contenu de vie réelle, ils sont devenus des individus abstraits, mais qui de ce fait même sont mis en situation d'entrer en relation les uns avec les autres en tant qu'individus.

Le seul rapport qui les unisse encore aux forces productives et à leur propre existence, à savoir le travail, a perdu chez eux toute apparence d'activité propre et ne les maintient en vie qu'en étiolant[147] leur vie. Dans les périodes antérieures, l'activité propre et la production de la vie matérielle étaient séparées puisqu'elles incombaient chacune à des personnes différentes et que la production de la vie matérielle passait encore pour une activité propre inférieure à cause de l'insuffisance des individus eux-mêmes[148] ; à présent elles sont séparées au point que la vie matérielle apparaît comme fin, la production de cette vie matérielle, c'est-à-dire le travail – ce travail étant actuellement la seule forme possible mais, comme nous le voyons, une forme négative[149] de la manifestation de soi – comme moyen.

Or, aujourd'hui les choses en sont arrivées au point que les individus sont obligés de s'approprier la totalité des forces productives existantes, non seulement pour avoir une activité propre, mais surtout pour s'assurer leur existence (2). Cette appropriation est d'abord conditionnée par l'objet de l'appropriation : les forces productives devenues, par leur développement, une totalité et qui existent uniquement dans le cadre des échanges universels. Il faut donc que cette appropriation présente déjà sous cet angle le carac-

(1) Remarque marginale d'Engels : Sismondi.

(2) *Variante* initiale : Or aujourd'hui les choses en sont arrivées au point que les individus ne peuvent plus du tout s'approprier les forces productives développées en une totalité et qui sont liées aux échanges universels.

147. Cf. Karl Marx et Friedrich Engels, *Le Manifeste :* « Le développement du machinisme et la division du travail, en faisant perdre au travail de l'ouvrier tout caractère d'autonomie, lui ont fait perdre tout attrait. L'ouvrier devient un simple accessoire de la machine. »

148. Cf. Ludwig Feuerbach, *L'Essence du christianisme* (1845) : « *L'histoire de l'humanité* n'est pas autre chose que la *victoire continuelle remportée sur les limites* qui à une époque déterminée étaient tenues pour les *limites de l'humanité,* et pour cette raison, pour des limites *absolues, indépassables.* Mais l'avenir dévoile toujours que les prétendues limites du genre n'étaient que celles des individus. »

149. Ce thème a été largement développé par Karl Marx dans les *Manuscrits de 1844* (troisième manuscrit) : « *En refusant de considérer le rapport direct entre l'ouvrier* (le travail) *et la production, l'économie politique cache l'aliénation qui marque le travail.* Certes le travail produit des merveilles pour les riches, mais le dénuement pour l'ouvrier. Il produit des palais, mais pour l'ouvrier il n'y a que des tanières. Il produit la beauté, mais l'ouvrier est estropié. Des machines remplacent le travail, mais une partie des ouvriers est rejetée dans un travail barbare, l'autre est transformée en machines. »

tère universel correspondant aux forces productives et à l'échange. L'appropriation de ces forces n'est elle-même rien d'autre que l'épanouissement des aptitudes individuelles correspondant aux instruments matériels de production. L'appropriation d'une totalité d'instruments de production est déjà de ce fait l'épanouissement d'une totalité d'aptitudes chez les individus eux-mêmes. Cette appropriation est conditionnée en outre par les individus qui l'effectuent. Seuls les prolétaires des temps présents, complètement exclus de toute activité propre, sont à même d'arriver à une activité propre totale qui ne soit plus bornée et qui consiste dans l'appropriation d'une totalité de forces productives et le déploiement d'une totalité d'aptitudes. Toutes les appropriations révolutionnaires antérieures étaient bornées[150]. Des individus, dont l'activité propre se trouvait elle-même bornée par un instrument de production borné et des échanges bornés, s'appropriaient ces instruments de production bornés et ne parvenaient ainsi qu'à une nouvelle limitation[151]. Leur instrument de production devenait leur propriété, mais ils restaient eux-mêmes assujettis à la division du travail et à leur propre instrument de production ; dans l'appropriation effectuée par les prolétaires, une masse d'instruments de production doit être subordonnée à chaque individu, et la propriété doit l'être à tous. Les échanges universels modernes ne peuvent être subordonnés aux individus qu'en étant subordonnés à tous.

L'appropriation est en outre conditionnée par la manière dont elle doit s'accomplir. Elle ne peut s'accomplir que par une union elle-même obligatoirement universelle, en raison du caractère du prolétariat lui-même, par une révolution qui verra, d'une part, la chute de la puissance de l'ancien mode de production et d'échanges ainsi que l'organisation sociale précédente, d'autre part, elle verra se développer dans le prolétariat le caractère universel et l'énergie nécessaire à l'accomplissement de l'appropriation, une révolution enfin où le prolétariat se débarrassera de tout ce qui lui reste de sa position sociale antérieure.

C'est seulement à ce stade que la manifestation de soi coïncide avec la vie matérielle, ce qui correspond à la transformation des individus en individus complets[152], et à l'effacement de tout caractère naturel, et alors la transformation des échanges conditionnés jusqu'alors en échanges entre individus en tant que tels. L'appropriation des forces totales de production par les individus associés supprime la propriété privée[153]. Alors que par le passé toute condition particulière apparaissait comme contingente, à présent c'est l'isolement des individus eux-mêmes, le gain privé de chacun qui sont devenus eux-mêmes contingents.

Les individus qui ne sont plus subordonnés à la division du travail, les philosophes se les sont représentés comme

150. Cf. Karl Marx, Friedrich Engels, *Le Manifeste du parti communiste :* « Tous les mouvements historiques ont été, jusqu'ici, des mouvements de minorités au profit de minorités. Le mouvement prolétariat est le mouvement spontané de l'immense majorité au profit de l'immense majorité. Le prolétariat, dernière couche de la société officielle, ne peut s'élever sans bouleverser toutes les couches supérieures de cette société. »

151. Cf. Friedrich Engels, *Principes du communisme :* « L'exploitation collective et planifiée de l'industrie par l'ensemble de la société nécessite des hommes dont les aptitudes se sont développées dans tous les domaines et qui sont en mesure d'avoir une vue d'ensemble sur tout le système de la production. La division du travail, à laquelle l'extension du machinisme portait atteinte, et qui faisait de l'un un paysan, de l'autre un cordonnier, du troisième un ouvrier d'usine et du quatrième un spéculateur en bourse, va donc disparaître complètement. »

152. Cf. Karl Marx, *Manuscrits de 1844 :* « Le communisme, abolition positive de la propriété privée (elle-même aliénation humaine de soi) et par conséquent *appropriation* réelle de l'essence *humaine* par l'homme et pour l'homme, donc retour total de l'homme pour soi en tant qu'homme *social,* c'est-à-dire humain, retour conscient et qui s'est opérée en conservant toute la richesse du développement antérieur. »

153. Cf. Karl Marx et Friedrich Engels, *Le Manifeste :* « En ce sens, les communistes peuvent résumer leur théorie dans cette formule unique : abolition de la propriété privée. »

un idéal ; l'« Homme », et ils ont compris tout le processus développé par nous, comme processus du développement de l'« Homme », si bien qu'à chaque stade de l'histoire, ils ont substitué aux individus du passé l'« Homme » présenté comme force motrice de l'histoire. Ils ont donc compris tout ce processus comme processus d'auto-aliénation de l'« Homme » ; la raison en est essentiellement le fait qu'on a toujours substitué l'individu moyen du stade ultérieur à l'individu moyen du stade antérieur et qu'ils ont toujours prêté la conscience ultérieure aux individus antérieurs (1). Ce renversement, consistant à faire d'emblée abstraction des conditions réelles, permit le déploiement de la conscience.

La société civile englobe l'ensemble des échanges matériels entre les individus à un stade déterminé du développement des forces productives. Elle englobe toute la vie commerciale et industrielle d'un stade et dépasse dans cette mesure l'État[154] et la nation ; en même temps, il est vrai, elle doit s'affirmer à l'extérieur comme nationalité et s'organiser à l'intérieur comme État. Le terme *société civile* apparut au XVIIIe siècle, lorsque les rapports de propriété s'étaient déjà dégagés de la communauté antique et médiévale. La société civile en tant que telle ne se développe pas de pair avec la bourgeoisie ; l'organisation sociale se développant immédiatement à partir de la production et de l'échange, qui, à toutes les époques, constituent le fondement de l'État[155] et de toute la superstructure des idées, cette organisation a toujours été désignée par le même nom.

154. Cf. Engels « Notice biographique » concernant Karl Marx (1869) : « Prenant le relais de la *Philosophie du droit* de Hegel, Marx en vint à penser que ce n'était pas l'État, présenté par Hegel comme le "couronnement de l'édifice", mais bien plutôt la "société civile" qu'il traite en marâtre, qui constitue la sphère où il faut chercher la clé qui permet de comprendre le procès du développement historique de l'humanité. Or la science de la société civile est l'économie politique, et *cette* science-*là* ne pouvait être étudiée en Allemagne ; elle ne pouvait être étudiée à fond qu'en Angleterre ou en France. »

155. Pour Engels et Marx c'est la société civile qui constitue réellement la base de l'État et non l'inverse.
Cf. Friedrich Engels, *Ludwig Feuerbach* : « Ici tout au moins, l'État, le régime politique, est donc un élément secondaire, et la société civile, le domaine des relations économiques, l'élément décisif. La vieille conception traditionnelle, à laquelle Hegel sacrifie lui aussi, voyait dans l'État l'élément déterminant et dans la société civile l'élément qu'il déterminait. Il en est ainsi en apparence. »

RAPPORT DE L'ÉTAT ET DU DROIT AVEC LA PROPRIÉTÉ

La première forme de la propriété, c'est, aussi bien dans l'Antiquité qu'au Moyen Age, la propriété tribale, conditionnée chez les Romains principalement par la guerre et chez les Germains par l'élevage. Chez les peuples de l'Antiquité

< en particulier Rome et Sparte >

la propriété tribale apparaît comme propriété étatique parce que plusieurs tribus cohabitant dans une même ville, et le droit de l'individu à cette propriété comme simple *possession* qui d'ailleurs se limite, ainsi que la propriété tri-

(1) Remarque marginale de Marx : aliénation de soi.

bale, à la seule propriété foncière. La propriété privée proprement dite prend naissance, chez les Anciens comme chez les peuples modernes, en tant que propriété mobilière. (Esclavage et communauté) (*Dominium ex jure quiritum*), Chez les peuples issus du Moyen Age, la propriété tribale évolue ainsi en passant par différents stades – propriété foncière féodale, propriété mobilière corporative, capital de manufacture – jusqu'au capital moderne, conditionné par la grande industrie et la concurrence universelle, et qui s'identifie à la pure propriété privée : il supprime toute apparence de communauté et exclut toute action de l'État sur le développement de la propriété. L'État moderne correspond à la propriété privée moderne ; les propriétaires privés en ont fait peu à peu l'acquisition au moyen des impôts, et il est tombé tout à fait entre leurs mains en vertu du système de la dette publique ; son existence dépend dorénavant complètement, par le jeu de la hausse et de la baisse des valeurs d'État à la Bourse, du crédit commercial que lui accordent les bourgeois, les propriétaires privés. N'étant plus un *ordre* mais une *classe,* la bourgeoisie est contrainte de s'organiser à l'échelle nationale et non plus locale et de donner une forme universelle à ses intérêts moyens. Du fait que la propriété privée s'est émancipée de la communauté, l'État est devenu une entité particulière existant à côté et en dehors de la société civile ; il est tout simplement la forme que les bourgeois se donnent par nécessité, tant à l'extérieur qu'à l'intérieur, pour garantir réciproquement leur propriété et leurs intérêts. L'autonomie de l'État n'existe plus de nos jours que dans les pays où les ordres ne sont pas encore complètement transformés en classes, et où les ordres, alors qu'ils sont éliminés dans les pays plus évolués, jouent encore un rôle ; dans les pays donc, où il existe une situation hybride et dans lesquels aucune partie de la population ne parvient à établir sa domination sur les autres parties. C'est notamment le cas en Allemagne. L'exemple le plus typique d'un État moderne, c'est l'Amérique du Nord. Les écrivains modernes français, anglais et américains en arrivent tous à exprimer l'idée que l'État n'existe que pour la propriété privée, si bien que cette idée est passée dans la conscience commune.

L'État étant la forme par laquelle les individus de la classe dominante font valoir leurs intérêts communs[156] et dans laquelle se concentre toute la société civile d'une époque, il s'ensuit que par la médiation de l'État toutes les institutions communes acquièrent une forme politique. D'où l'illusion que la loi repose sur la volonté, et même sur la volonté *libre,* détachée de sa base réelle. De même, le droit est à son tour réduit à la loi.

Le droit privé et la propriété privée naissent simultanément de la dissolution de la communauté naturelle et se développent en même temps. Chez les Romains, la pro-

156. Cf. Friedrich Engels, *Ludwig Feuerbach* : « L'État n'est au fond que le reflet, sous une forme condensée, des besoins économiques de la classe qui domine la production. »

priété et le droit privés se développèrent sans rien faire apparaître de nouveau dans l'industrie et le commerce, parce que tout leur mode de production restait le même.

< et que ce développement ne fut pas provoqué par une extension de l'industrie et du commerce.
Remarque marginale de Engels : Usurier ! >

Chez les peuples modernes où l'industrie et le commerce provoquèrent la dissolution de la communauté féodale, la naissance de la propriété et du droit privés inaugura une nouvelle phase susceptible d'un développement ultérieur. Amalfi, la première ville qui au Moyen Age se livra à un commerce étendu, fut aussi la première à élaborer aussi le droit maritime. Dès que, d'abord en Italie et plus tard dans d'autres pays, l'industrie et le commerce eurent suscité un nouveau développement de la propriété privée, on reprit aussitôt le droit privé romain, déjà élaboré, et on l'éleva au rang d'une autorité. Lorsque, par la suite, la bourgeoisie eut acquis une puissance suffisante pour que les princes prissent soin de ses intérêts avec l'intention de renverser les féodaux par son intermédiaire, le droit commença véritablement à se développer dans tous les pays – en France au XVIe siècle – et dans tous les pays, l'Angleterre exceptée, il se poursuivit en s'appuyant sur le droit romain. Même en Angleterre, il fallut introduire des principes de droit romain afin d'améliorer le droit privé (particulièrement pour les biens privés). (N'oublions pas que le droit, pas plus que la religion, n'a pas d'histoire qui lui soit propre.)

Dans le droit privé, on présente les rapports de production existants comme étant les résultats de la volonté générale. Le *jus utendi et abutendi*[157] lui-même exprime, d'une part, le fait que la propriété privée est devenue complètement indépendante de la communauté, et d'autre part, l'illusion que la propriété privée elle-même repose sur la simple volonté privée, sur la disposition arbitraire des choses. En fait, l'*abuti* se heurte à des limites économiques très déterminées pour le propriétaire privé, si celui-ci ne veut pas voir sa propriété en même temps que son *jus abutendi* passer entre d'autres mains, puisque, en somme, la chose, considérée simplement par rapport à sa volonté, n'est même pas une chose, mais ne le devient, ne devient une propriété réelle que dans l'échange et indépendamment du droit (une *relation*, ce que les philosophes appellent une idée) (1). Cette illusion juridique, consistant à

157. Dans la *Critique du droit politique hégelien* (1843), Marx établit « la connexion entre constitution politique et propriété privée » chez les Romains.
1. L'homme comme esclave y apparaît comme objet de la propriété privée.
2. Les pays conquis sont traités comme propriété privée ; on y fait valoir le *jus utendi et abutendi*.
3. Dans l'histoire des Romains, apparaît le combat entre pauvres et riches (patriciens et plébéiens).

(1) Remarque marginale de Marx : *Relation pour les philosophes = Idée.* Ils connaissent uniquement la relation de « l'Homme » avec lui-même, et c'est pourquoi pour eux toute relation réelle devient idée.

réduire le droit à la simple volonté, conduit nécessairement, par l'évolution ultérieure des rapports de propriété, à ce fait que quelqu'un peut avoir un titre juridique sur une chose sans posséder réellement celle-ci. Si, par exemple, la concurrence a pour effet de supprimer la rente d'une terre, le propriétaire de cette terre conserve son titre juridique correspondant y compris le *jus utendi et abutendi.* Mais il ne peut rien en faire ; il ne possède rien en sa qualité de propriétaire foncier, s'il ne dispose pas par ailleurs d'un capital suffisant pour cultiver cette terre. Cette même illusion des juristes explique que, pour eux et pour tout code juridique, c'est un fait contingent que des individus nouent des relations entre eux, par exemple concluent des contrats ; c'est un fait contingent relativement à ce code qu'à leurs yeux ces rapports passent pour des rapports auxquels on peut souscrire ou non, selon son bon plaisir, et dont le contenu se fonde totalement sur l'arbitraire volonté individuelle des contractants.

Chaque fois qu'en raison du développement de l'industrie et du commerce il s'est constitué de nouvelles formes d'échanges, par exemple des compagnies d'assurances, etc., le droit s'est vu contraint de les intégrer aux modes d'acquisition d'une propriété..

Influence de la division du travail sur la science.

Ce que sont, pour l'État, le droit, la morale, etc., la *répression*.

(Dans) la loi, les bourgeois doivent se donner une expression générale, précisément parce qu'ils dominent en tant que classe.

Sciences de la nature et histoire.

Il n'y a pas d'histoire de la politique, du droit, de la science, etc., de l'art, de la religion, etc. (1).

Pourquoi les idéologues mettent tous la tête en bas?

Religieux, juristes, hommes politiques.

Juristes, hommes politiques (hommes d'État en général), moralistes, religieux.

A propos de cette subdivision idéologique au sein d'une classe. 1° Autonomisation de la profession par la division du travail ; chacun tient son métier pour le vrai. Sur le rapport entre leur métier et la réalité, ils se font des illusions d'autant plus nécessairement que cela est inhérent à la nature du métier lui-même. Dans la jurisprudence, la poli-

---

(1) Remarque marginale de Marx : A la « communauté » telle qu'elle apparaît dans l'État antique, dans la féodalité, dans la monarchie absolue, à ce lien correspondent notamment les représentations religieuses.

tique, etc., les rapports deviennent – dans la conscience – des concepts ; comme ils ne s'élèvent pas au-dessus de ces rapports, les concepts qu'ils en ont dans la tête sont aussi des concepts fixes ; le juge, par exemple, applique le code, par conséquent à ses yeux le législateur est le véritable agent efficace[158]. Respect de chacun pour sa marchandise, car leur profession est en rapport avec l'universel.

Idée du droit. Idée de l'État. Dans la conscience *commune,* la réalité est mise la tête en bas.

Il faut le dire d'une façon plus populaire.

La religion est d'emblée la conscience de la *transcendance,* conscience (qui) émerge du « il faut » *réel.*

La tradition pour le droit, la religion, etc.

Les individus sont toujours partis d'eux-mêmes, et partent toujours d'eux-mêmes. Leurs rapports sont des rapports du processus réel de leur existence. D'où cela vient-il que leurs rapports s'autonomisent contre eux-mêmes ? Que les puissances de leur propre vie deviennent des surpuissances qui s'opposent à eux ?

En un mot : *la division du travail,* dont le degré dépend à chaque moment du stade de développement des forces productives.

Propriété foncière. Propriété communale, féodale, moderne.

Propriété corporative. Propriété manufacturière. Capital industriel.

158. Cf. Friedrich Engels, *Ludwig Feuerbach et la fin de la philosophie classique allemande :* « Les professionnels de la politique, les Théoriciens du droit public et les juristes du droit privé escamotent en effet la liaison avec les faits économiques. Comme, dans chaque cas particulier, force est aux faits économiques de prendre la forme de motifs juridiques pour être sanctionnés sous forme de lois [...] c'est la forme juridique qui doit désormais être tout et le contenu économique rien. » (Éd. Sociales, p. 77.)

Jugements

ENGELS

« J'AI retrouvé, par contre, dans un vieux cahier de Marx, les onze thèses sur Feuerbach. (...) Ce sont de simples notes jetées rapidement sur le papier pour être élaborées par la suite, nullement destinées à l'impression, mais d'une valeur inappréciable, comme premier document où soit déposé le germe génial de la nouvelle conception du monde ».

Ludwig Feuerbach et la fin de la philosophie classique allemande (1888).

GRAMSCI

« MARX ouvre intellectuellement une époque historique qui probablement durera des siècles, c'est-à-dire jusqu'à la disparition de la Société politique et l'avènement de la Société réglée. C'est alors seulement que sa conception du monde sera dépassée (conception de la nécessité, < dépassée > par la conception de la liberté). »

Cahiers de prison, Paris, Gallimard, Cahier 7, 1983, p. 197.

NIZAN

« M. Brunschvicg parle de la "naïve arrogance" de Marx parce que Marx fut averti de sa position terrestre et dit qu'il fallait changer le monde et non l'interpréter. »

Les Chiens de garde (1932), réédité par Maspero, 1960, p. 21.

GOLDMANN

« LES onze *Thèses sur Feuerbach,* première formulation brillante, concise, et, à ce niveau de concision, définitive du matérialisme dialectique, n'ont rien perdu de leur actualité. Chaque proposition reste valable et traite des problèmes fondamentaux autour desquels se concentrent jusqu'aujourd'hui les principales discussions théoriques en philosophie et en sciences humaines. Aussi ce texte constitue-t-il un des principaux tournants de la pensée occidentale et nous nous croyons fondé à affirmer que son importance historique est du même ordre que celle du *Discours de la méthode,* de la *Critique de la raison pure* ou de la *Phénoménologie de l'esprit.* »

Marxisme et Sciences humaines, Paris, Gallimard, 1970, Coll. Idées, p. 164.

ALTHUSSER

« MARX a ouvert à la connaissance scientifique un nouveau et troisième continent scientifique, le continent Histoire, par une coupure épistémologique dont le premier tranchant, encore tout tremblant, est inscrit dans *L'Idéologie allemande* après avoir été annoncé dans les *Thèses sur Feuerbach.*

Lénine et la philosophie, Paris, Maspero, p. 23.

Documents

☐ 1. L'IDÉOLOGIE AVANT MARX

Le philosophe allemand Ernst Bloch (1885-1977) dans un de ses *Cours sur la philosophie de la Renaissance* (1972) expose les grands traits de la doctrice de Bacon. Il montre comment ce penseur anglais du XVIe siècle, par sa théorie sur les *idoles,* a approché ce que nous entendons aujourd'hui par idéologie, au sens de fausse conscience.

On est en droit de se demander si la doctrine de Bacon annonce en quelque sorte l'étude des idéologies ; déjà la ressemblance phonétique entre « idéologie » et « idole » nous suggère cette question. Avons-nous affaire, chez Bacon, à une première prise de conscience de la formation des idéologies, à une attitude de prudence devant le fait qu'on n'est pas seulement trompé par les autres mais qu'on se trompe soi-même dans la fausse conscience ? (...)
En combattant l'anthropomorphisme superstitieux, c'est-à-dire un monde peuplé d'anges et d'esprits, de dieux et de diables, on lutte aussi contre la fausse conscience. Or, Bacon se dresse d'une manière concrète contre les idéologies de la société féodale-théologique qui apparaissent chez lui sous le nom d'« idoles » ; il ne se livre pas à une critique idéologique intemporelle. Le mot « idéologie » est de date relativement récente : nous le trouvons pour la première fois chez le philosophe français Destutt de Tracy qui a publié en 1801-1815 et en 1826 un ouvrage intitulé « Éléments d'idéologie » : c'est là qu'apparaît pour la première fois le terme d'« idéologie », qui est peut-être et même probablement la traduction française d'un terme allemand forgé par Fichte : « Wissenschaftslehre. » Ainsi, Bacon n'aurait pu employer un mot qui, à son époque, n'existait pas encore. Il n'en reste pas moins que le philosophe anglais a appréhendé par sa doctrine sur les idoles, dans les limites de son horizon social et grâce à sa largeur de vues, le contenu pensé de ce que nous entendons par idéologie et fausse conscience. L'exploration de la fausse conscience a donc un passé vénérable et on peut dire qu'elle n'a plus été approfondie par la philosophie bourgeoise avec la minutie et la passion qui caractérisent Bacon.

Ernst Bloch, *La Philosophie de la Renaissance*, Paris, Payot, 1974, p. 113 sq.

Le terme d'*idéologie* a été forgé en 1796 par le philosophe français Destutt de Tracy (1754-1836). Il désigne « la science des idées » conçue, dans le prolongement de la pensée de Cabanis, comme « partie et dépendance de la physiologie ».

Dans ses *Éléments d'idéologie* (dont la première partie *Idéologie proprement dite* paraît en 1800) Destutt déclare : « Mon projet est de vous faire connaître en détail ce qui se passe en vous quand vous pensez, parlez et raisonnez. »

Ces *Éléments* comprenaient quatre volumes : Idéologie (ou formation des idées), Grammaire (expression des idées), Logique (combinaison des idées), Économie politique (théorie des actions).

La science de la pensée n'a point de nom, puisque la périphrase, *analyse des sensations et des idées,* indique simplement le travail auquel il faut se livrer; on ne peut l'appeler *métaphysique,* parce que ce mot désigne une science qui traite de la nature des êtres, des esprits et des différents ordres d'intelligence, de l'origine des choses et de leur cause première; une science autre que la *physique,* dont fait partie, comme l'a vu Locke, la connaissance des facultés de l'homme. Sans doute, nos sensations sont tout pour nous : la physique serait la connaissance de nos sensations considérées dans les êtres qui les occasionnent, l'histoire du monde; la métaphysique, la connaissance de ces mêmes sensations considérées dans leurs effets en nous, l'histoire de notre moi, du petit monde[1]. Division belle et complète, mais qui suppose un emploi nouveau d'un mot trop cruellement discrédité. Le mot *psychologie,* auquel avait songé Condillac, veut dire *science de l'âme :* il implique une connaissance de cet être et ferait croire qu'on s'occupe de la recherche vague des causes premières[2], et non uniquement de la connaissance des effets et de leurs conséquences pratiques. Le mot *idéologie* ou science des idées est très sage : il n'éveille aucune idée de cause, il est très clair par rapport au sens du mot français *idée* et rigoureusement exact dans cette hypothèse; très exact encore eu égard à l'étymologie grecque. Car le mot *εἴδοω* voulant dire, *je perçois par la vue, je connais,* le mot *εἶδος* ou *εἰδέα,* traduit ordinairement par tableau, image, signifie, bien analysé, *perception du sens de la vue.* Nous avons fait *idée* d'*εἴδω,* pour exprimer une perception en général; nous pouvons bien faire *idéologie* pour exprimer la science qui traite des idées[3].

F. Picavet, *Les Idéologues,* Paris, Félix Alcan, 1891, p. 312 sq.

☐ 2. CE QUE SIGNIFIE LA NOTION D'IDÉOLOGIE CHEZ MARX

Dans son *Dictionnaire critique du marxisme* (1982) le philosophe contemporain Georges Labica analyse en cinq points les caractéristiques du concept d'idéologie qui fait son apparition dans le champ du marxisme avec *L'Idéologie allemande.*

1 / La détermination des idées par la « base matérielle » : « La production des idées, des représentations et de la conscience est d'abord directement et intimement mêlée à l'activité matérielle et au commerce matériel des hommes, elle est le langage de la vie réelle. (...) De ce fait, la morale, la religion, la métaphysique et tout le reste de l'idéologie, ainsi que les formes de conscience qui lui correspondent, perdent aussi toute apparence d'autonomie. Elles n'ont pas d'histoire » (p. 20).

2 / Dans la dernière partie du texte cité, est opérée une distinction entre l'idéologie et la conscience. Cette distinction est porteuse d'une nouvelle spécifica-

1. D. de Tracy se servira souvent de ce mot « métaphysique » dont il faut bien se rappeler le sens nouveau chez lui.
2. Voyez sur ce point ce que pense Cabanis, ch. III et IV.
3. Hamilton critique ce mot qu'il voudrait remplacer « pour éviter une double bévue en philosophie et en grec » par celui de « idéologie ».

tion : l'idéologie comme forme particulièment élaborée de la conscience. L'idée est développée quelques pages plus loin : « Les individus qui constituent la classe dominante possèdent, entre autres choses, également une conscience, et en conséquence, ils pensent ; pour autant qu'ils dominent en tant que classe et déterminent une époque historique dans toute son ampleur, il va de soi que ces individus dominent dans tous les sens (...) ; leurs idées sont donc les idées dominantes de leur époque. (...) Les uns seront les penseurs de cette classe (les idéologues actifs, qui réfléchissent et tirent leur substance principale de l'élaboration de l'illusion que cette classe se fait sur elle-même) tandis que les autres auront une attitude plus passive et plus réceptive en face de ces pensées et de ces illusions » (p. 44-45).

3 / L'idéologie se présente donc comme une systématisation des idées de la classe dominante. Mais cette systématisation idéelle se double d'un effet second : l'idéologie considère « que le monde est dominé par les idées, que les idées et les concepts sont les principes déterminants ». Cet effet est d'ailleurs décrit à l'aide d'une métaphore, qui a un rôle organique dans cette conceptualité : « Et si, dans toute l'idéologie, les hommes et leurs rapports nous apparaissent placés la tête en bas comme dans une *camera obscura,* ce phénomène découle de leur processus de vie historique, absolument comme le renversement des objets sur la rétine découle de son processus de vie directement physique » (p. 20).

4 / Quelle est la source de ce renversement ? « Dans le langage, tout rapport ne peut s'exprimer que sous forme de concepts. Si ces concepts généraux prennent valeur de puissances mystérieuses, c'est la conséquence nécessaire du fait que les rapports réels, dont ils sont l'expression, sont devenus autonomes. Outre la valeur qu'ils prennent dans la conscience commune, ces concepts généraux sont affectés d'une valeur spéciale et développés par les politiciens et les juristes qui, chargés par la division du travail du culte de ces concepts, voient en eux, et non dans les rapports de production, le fondement véritable de tous les rapports de propriété réels » (p. 363).

5 / Conséquence de cette théorie : comment lutter contre les idées de la classe dominante ? « La véritable solution pratique de cette phraséologie, l'élimination de ces représentations dans la conscience des hommes, ne sera réalisée, répétons-le, que par une transformation des circonstances et non par des déductions théoriques » (p. 41).

On voit donc en quoi le concept d'idéologie, tel qu'il apparaît dans *L'Idéologie allemande,* est étroitement lié à une préoccupation philosophique : affirmer la détermination des idées par la base matérielle. Aussi ce concept articule-t-il deux classes d'objets bien distinctes : *a*) la relation entre le fonctionnement économico-social d'une société et ses productions idéelles ; *b*) l'illusion, nécessairement véhiculée par la pensée, de sa propre autonomie.

Georges Labica, *Dictionnaire critique du marxisme,* Paris, PUF, 1982, p. 440 sq ; article « Idéologie » de J.F. Coralle.

Le terme d'*idéologie,* emprunté à la philosophie française du XVIIIe siècle, est chargé d'une signification nouvelle chez Marx. Georges Canguilhem, dans

« Idéologies scientifiques et médicales au XIXe siècle », montre comme s'est effectué ce passage d'une signification à une autre.

La fortune, aujourd'hui, de la notion d'*idéologie* a des origines non douteuses. Elle tient à la vulgarisation de la pensée de Karl Marx. Idéologie est un concept épistémologique à fonction polémique, appliqué à ces systèmes de représentations qui s'expriment dans la langue de la politique, de la morale, de la religion et de la métaphysique. Ces langues se donnent pour l'expression de ce que sont les choses mêmes, alors qu'elles sont des moyens de protection et de défense d'une situation, c'est-à-dire d'un système de rapports des hommes entre eux et des hommes aux choses. Marx dénonce les idéologies au nom de la science qu'il prétend instituer : la science des hommes qui font leur propre histoire, sans toutefois la faire au gré de leurs désirs.
On s'est demandé comment ce terme d'idéologie, emprunté à la philosophie française du XVIIIe siècle, a été chargé par Marx de la signification qu'il véhicule aujourd'hui. L'idéologie c'était, selon Cabanis et Destutt de Tracy, la science de la genèse des idées. Son projet était de traiter les idées comme des phénomènes naturels, exprimant la relation de l'homme, organisme vivant et sensible, à son milieu naturel de vie. Positivistes avant la lettre, les idéologues étaient pourtant des libéraux, anti-théologiens, anti-métaphysiciens. A ces libéraux le comportement politique de Bonaparte avait d'abord fait illusion, ils le croyaient l'exécuteur testamentaire de la Révolution française. Quand ces bonapartistes sont devenus anti-napoléoniens, Napoléon Ier les a accablés de son mépris et de ses brimades et c'est lui qui a renversé l'image que les idéologues avaient voulu donner d'eux-mêmes. L'idéologie a été dénoncée, au nom du réalisme politique qui moule la législation sur la connaissance du cœur humain et des leçons de l'histoire, comme une métaphysique, une pensée creuse.
On voit donc que Marx a conservé, dans le sens qu'il donne au terme d'idéologie, le concept d'un renversement du rapport de la connaissance à la chose. L'idéologie, qui désignait d'abord une science naturelle de l'acquisition par l'homme d'idées calquées sur le réel lui-même, désigne désormais tout système d'idées produit comme effet d'une situation initialement condamnée à méconnaître son rapport réel au réel. L'idéologie consiste dans le déplacement du point d'application d'une étude.

Georges Canguilhem, *Idéologie et Rationalité dans l'histoire des Sciences de la vie*, Paris, Vrin, 1977.

□ 3. AUTRES DÉFINITIONS DE L'IDÉOLOGIE

Les hommes de culture qui viennent après les grands épanouissements et qui entreprennent d'aménager les systèmes ou de conquérir par les nouvelles méthodes des terres encore mal connues, ceux qui donnent à la théorie des fonctions pratiques et s'en servent comme d'un outil pour détruire et pour construire, il n'est pas convenable de les appeler des philosophes : ils exploitent le domaine, ils en font l'inventaire, ils y élèvent quelques bâtiments, il leur arrive même d'y apporter certains changements internes ; mais ils se nourrissent encore de la pensée vivante des grands morts. Soutenue par la foule en marche, celle-ci constitue leur milieu culturel et leur avenir, détermine le champ de leurs investigations et même de leur « création ». Ces hommes *relatifs,* je propose de les nommer des idéologues. Et, puisque je dois parler de l'existentialisme, on comprendra que je le tienne pour une *idéologie :* c'est un système parasitaire qui vit en marge du Savoir qui s'y est opposé d'abord et qui, aujourd'hui, tente de s'y intégrer.

Jean-Paul Sartre, *Questions de méthode,* Paris, Gallimard, 1960, Coll. Idées. p. 13 sq.

Il suffit de savoir très schématiquement qu'une idéologie est un système (possédant sa logique et sa rigueur propres) de représentations (images, mythes, idées ou concepts selon les cas) doué d'une existence et d'un rôle historique au sein d'une société donnée.

Louis Althusser, *Marxisme et Humanisme* 1963.

L'idéologie est un système d'opinions qui, en se fondant sur un système de valeurs admis, détermine les attitudes et les comportements des hommes à l'égard des objectifs souhaités du développement de la société, du groupe social ou de l'individu.

Adam Schaff, *La définition fonctionnelle de l'idéologie* 1967.

Pour Antonio Gramsci (1891-1937), philosophe marxiste italien, l'idéologie est aussi une conception du monde qui cimente le bloc social.

Elle se constitue dans des appareils de pouvoir qui la promeuvent (organisation scolaire, religieuse, culturelle, etc.), et elle se déploie grâce à des producteurs idéologiques (intellectuels).

Mais maintenant se pose le problème fondamental de toute conception du monde, de toute philosophie qui est devenue un mouvement culturel, une « religion », une « foi », c'est-à-dire qui a produit une activité pratique et une volonté et qui se trouve contenue dans ces dernières comme « prémisse » théorique implicite (une « idéologie », pourrait-on dire, si au terme « idéologie » on donne justement le sens le plus élevé d'une conception du monde qui se manifeste implicitement dans l'art, dans le droit, dans l'activité économique, dans toutes les manifestations de la vie individuelle et collective). En d'autres termes, le problème qui se pose est de conserver l'unité idéologique dans tout le bloc social qui, précisément par cette idéologie déterminée, est cimenté et unifié. La force des religions et surtout de l'Église catholique a consisté et consiste en ce qu'elles sentent énergiquement la nécessité de l'union doctrinale de toute la masse « religieuse » et qu'elles luttent afin que les couches intellectuellement supérieures ne se détachent pas des couches inférieures.

Gramsci dans le texte, *Morceaux choisis,* Paris, Éd. Sociales, 1975, p. 138.

Dans les *Cahiers de prison,* Antonio Gramsci distingue les idéologies *nécessaires,* qui organisent les masses, des idéologies *arbitraires.*

Un élément d'erreur quand on considère la valeur des idéologies me semble être dû au fait (fait qui d'ailleurs n'est pas un hasard) qu'on donne le nom d'idéologie soit à la superstructure nécessaire d'une structure déterminée, soit aux élucubrations arbitraires d'individus déterminés. Le sens défavorable du mot est devenu extensif, et ce fait a modifié et dénaturé l'analyse théorique du concept d'idéologie. Le processus de cette erreur peut être facilement reconstruit : 1. on identifie l'idéologie comme distincte de la structure et on affirme que ce ne sont pas les idéologies qui changent les structures mais vice versa ; 2. on affirme qu'une certaine solution politique est « idéologique » c'est-à-dire insuffisante pour changer la structure, alors qu'elle croit pouvoir la changer ; on affirme qu'elle est inutile, stupide, etc. ; 3. on passe à l'affirmation que toute idéologie est « pure » apparence, inutile, stupide, etc.
Il faut donc distinguer entre idéologies historiquement organiques, qui sont nécessaires à une certaine structure, et idéologies arbitraires, rationalistes, « voulues ». En tant qu'historiquement nécessaires, elles ont une validité qui est une validité « psychologique », elles « organisent » les masses humaines, forment le terrain où les hommes se meuvent, où ils acquièrent conscience de leur position, où ils luttent, etc. En tant « qu'arbitraires » elles ne créent rien d'autre que des « mouvements » individuels, des polémiques, etc. (elles non plus ne sont pas complètement inutiles, parce qu'elles sont comme l'erreur qui s'oppose à la vérité et l'affirme).

[1932-33].

Gramsci dans le texte, Paris, Éd. Sociales, 1975, p. 207 sq.

☐ 4. LE MATÉRIALISME HISTORIQUE

Un peu après la rédaction avec Friedrich Engels de *L'Idéologie allemande,* Marx prend connaissance du livre de Pierre Proudhon (paru en juillet 1846) *Système des contradictions ou Philosophie de la misère.* Il réplique à cet ouvrage par la *Misère de la philosophie* (janvier-juin 1847). Dès le 28 décembre 1846 dans une lettre à Pavel V. Annenkov, journaliste libéral russe, il critique les conceptions du théoricien politique français. Marx y expose sa conception matérialiste historique.

M. Proudhon a très bien compris que les hommes font le drap, la toile, les étoffes de soie ; et le grand mérite d'avoir compris si peu de chose ! Ce que M. Proudhon n'a pas compris, c'est que les hommes, selon leurs facultés, produisent aussi *les relations sociales,* dans lesquelles ils produisent le drap et la toile. Encore moins M. Proudhon a-t-il compris que les hommes, qui produisent les relations sociales conformément à leur productivité matérielle, produisent aussi les *idées,* les *catégories,* c'est-à-dire les expressions abstraites idéelles de ces mêmes relations sociales. Ainsi les catégories sont aussi peu éternelles que les relations qu'elles expriment. Elles sont des produits historiques et transitoires. Pour M. Proudhon, tout au contraire, la cause primitive, ce sont les abstractions, les catégories. Selon lui, ce sont elles et non pas les hommes qui produisent l'histoire. *L'abstraction, la catégorie prise comme telle,* c'est-à-dire séparée des hommes et de leur action matérielle, est naturellement immortelle, inaltérable, impassible ; elle n'est qu'un être de la raison pure, ce qui veut dire seulement que l'abstraction prise comme telle est abstraite. *Tautologie* admirable !

Karl Marx/Friedrich Engels, *Correspondance*, T. 1 (1835-1848), Paris, Éd. Sociales, 1971, p. 455.

Dans la *Préface* à la *Contribution à la critique de l'économie politique* (1859) Karl Marx, après avoir esquissé son autobiographie intellectuelle, expose les thèses fondamentales du matérialisme historique : détermination en dernière instance par la base économique, loi de correspondance nécessaire, théorie de la révolution sociale, schéma de succession des modes de production.

Ces thèses servirent à Marx de fil conducteur à toutes ses recherches.

Le résultat général auquel j'arrivai et qui, une fois acquis, servit de fil conducteur à mes études, peut brièvement se formuler ainsi : dans la production sociale de leur existence, les hommes entrent en des rapports déterminés, nécessaires, indépendants de leur volonté, rapports de production qui correspondent à un degré de développement déterminé de leurs forces productives matérielles. L'ensemble de ces rapports de production constitue la structure économique de la société, la base concrète sur laquelle s'élève une superstructure juridique et politique et à laquelle correspondent des formes de conscience sociales déterminées. Le mode de production de la vie matérielle conditionne le processus de vie social, politique et intellectuel en général. Ce n'est pas la conscience des hommes qui détermine leur être ; c'est inversement leur être social qui détermine leur conscience. A un certain stade de leur développement, les forces productives matérielles de la société entrent en contradiction avec les rapports de production existants, ou, ce qui n'est que l'expression juridique, avec les rapports de propriété au sein desquels elles s'étaient mues jusqu'alors. De formes de développement des forces productives qu'ils étaient ces rapports en deviennent des entraves. Alors s'ouvre une époque de révolution sociale. Le changement dans la base économique bouleverse plus ou moins rapidement toute l'énorme superstructure. Lorsqu'on considère de tels bouleversements, il faut toujours distinguer entre le bouleversement matériel – qu'on peut constater d'une manière scientifiquement rigoureuse – des conditions de production économiques et les formes juridiques, politiques, religieuses, artistiques ou philosophiques, bref, les formes idéologiques sous lesquelles les hommes prennent conscience de ce conflit et le mènent jusqu'au bout. Pas plus qu'on ne juge un individu sur l'idée qu'il se fait de lui-même, on ne saurait juger une telle époque de bouleversement sur sa conscience de soi ; il faut, au contraire, expliquer cette conscience par les contradictions de la vie matérielle, par le conflit qui existe entre les forces productives sociales et les rapports de production. Une formation sociale ne disparaît jamais avant que soient développées toutes les forces productives qu'elle est assez large pour contenir, jamais des rapports de production nouveaux et supérieurs ne s'y substituent avant que les conditions d'existence matérielles de ces rapports soient écloses dans le sein même de la vieille société. C'est pourquoi l'humanité ne se pose jamais que des problèmes qu'elle peut résoudre, car, à y regarder de plus près, il se trouvera toujours que le problème lui-même ne surgit que là où les conditions matérielles pour le résoudre existent déjà ou du moins sont en voie de devenir. A grands traits, les modes de production asiatique, antique, féodal et bourgeois moderne peuvent être *qualifiés* d'époques progressives de la formation sociale économique. Les rapports de production bourgeois sont la dernière forme contradictoire du processus de production sociale, contradictoire non pas dans le sens d'une contradiction individuelle, mais d'une contradiction qui naît des conditions d'existence sociale des individus ; cependant les forces productives qui se développent au sein de la société bourgeoise créent en même temps les conditions matérielles pour résoudre cette contradiction. Avec cette formation sociale s'achève donc la préhistoire de la société humaine.

Karl Marx, Préface de la *Contribution à la critique de l'économie politique,*
Paris, Éd. Sociales, 1972, p. 4-5.

☐ 5. LE MARXISME N'EST PAS UN ÉCONOMISME

L'affirmation du primat de la base économique sur la superstructure a conduit de nombreux penseurs à assimiler le marxisme à un simple économisme.

Sur ce point la position du sociologue allemand Max Weber (1864-1920) reflète de manière typique les critiques faites généralement au marxisme.

La soi-disant « conception matérialiste de l'histoire », dans le vieux sens primitif et génial du *Manifeste du parti communiste,* n'exerce sans doute plus d'empire de nos jours que sur quelques profanes et dilettantes. En effet, c'est dans ce milieu que se trouve encore répandue cette curieuse idée que le besoin d'explication causale d'un phénomène historique n'est pas satisfait aussi longtemps que l'on n'a pas trouvé (ou apparemment trouvé), d'une façon quelconque et à un moment quelconque, l'intervention de causes économiques. Si satisfaction leur est donnée, ils s'accommodent de l'hypothèse la plus éculée et des formules les plus générales, parce que désormais leur besoin dogmatique se trouve apaisé qui veut que les « forces de production » économiques soient les seules causes « caractéristiques », « véritables » et « partout déterminantes en dernière analyse ».

Max Weber, *L'objectivité de la connaissance dans les sciences et la politique sociale* (1904), édité dans *Essais sur la théorie de la science,*
Paris, Plon, 1965, p. 147-149.

La détermination *en dernière instance* par l'économique n'exclut pas que telle ou telle idéologie ou élément de la superstructure puisse jouer un rôle *dominant*.

C'est ce que Karl Marx, dans une note du Livre 1 du *Capital* (1867), expose comme réponse à une objection faite par un journaliste.

> Suivant lui, mon opinion que le mode déterminé de production et les rapports sociaux qui en découlent, en un mot, que la structure économique de la société est la base réelle sur laquelle s'élève ensuite l'édifice juridique et politique, de telle sorte que le mode de production de la vie matérielle domine en général le développement de la vie sociale, politique et intellectuelle, suivant lui cette opinion est juste pour le monde moderne dominé par les intérêts matériels, mais non pour le Moyen Age où régnait la politique. Tout d'abord il est étrange qu'il plaise à certaines gens de supposer que quelqu'un ignore ces manières de parler vieillies et usées sur le Moyen Age et l'Antiquité. Ce qui est clair, c'est que ni le premier ne pouvait vivre du catholicisme, ni la seconde de la politique. Les conditions économiques d'alors expliquent au contraire pourquoi là le catholicisme et ici la politique jouaient le rôle principal. La moindre connaissance de l'Histoire de la république romaine par exemple fait voir que le secret de cette histoire c'est l'histoire de la propriété foncière. D'un autre côté, personne n'ignore que déjà Don Quichotte a eu à se repentir pour avoir cru que la chevalerie errante était compatible avec toutes les formes économiques de la société.

Karl Marx, *Le Capital,* Livre 1, Paris, Garnier/Flammarion, p. 590.

Karl Marx dans sa *Contribution à la critique de l'économie politique* (1859), prenant exemple du rapport inégal entre le développement de la production matérielle et celui de la production artistique, montre l'autonomie relative des superstructures.

> Pour l'art, on sait que certaines époques de floraison artistique ne sont nullement en rapport avec le développement général de la société, ni par conséquent avec celui de sa base matérielle, qui est pour ainsi dire l'ossature de son organisation. Par exemple les Grecs comparés aux modernes, ou encore Shakespeare. Pour certaines formes de l'art, l'épopée par exemple, il est même reconnu qu'elles ne peuvent jamais être produites dans la forme classique où elles font époque, dès que la production artistique apparaît en tant que telle ; que donc, dans le domaine de l'art lui-même, certaines de ses créations importantes ne sont possibles qu'à un stade inférieur du développement artistique. Si cela est vrai du rapport des différents genres artistiques à l'intérieur du domaine de l'art lui-même, il est déjà moins surprenant que cela soit également vrai du rapport du domaine artistique tout entier au développement général de la société. La difficulté ne réside que dans la manière générale de saisir ces contradictions. Dès qu'elles sont spécifiées, elles sont par là même expliquées.

Prenons, par exemple, le rapport de l'art grec d'abord, puis de l'art de Shakespeare avec notre temps. On sait que la mythologie grecque n'a pas été seulement l'arsenal de l'art grec, mais la terre même qui l'a nourri. La façon de voir la nature et les rapports sociaux qui inspire l'imagination grecque et constitue de ce fait le fondement de [la mythologie] grecque est-elle compatible avec les *Selfactors* [machines à filer automatiques], les chemins de fer, les locomotives et le télégraphe électrique ? Qu'est-ce que Vulcain auprès de Roberts and C°, Jupiter auprès du paratonnerre et Hermès auprès du Crédit mobilier ? Toute mythologie maîtrise, domine les forces de la nature dans le domaine de l'imagination et par l'imagination et leur donne forme : elle disparaît donc quand ces forces sont dominées réellement. Que devient Fama à côté de Printing-house square ? L'art grec suppose la mythologie grecque, c'est-à-dire l'élaboration artistique mais inconsciente de la nature et des formes sociales elles-mêmes par l'imagination populaire. Ce sont là ses matériaux. Ce qui ne veut pas dire n'importe quelle mythologie, c'est-à-dire n'importe quelle élaboration artistique inconsciente de la nature (ce mot sous-entendant ici tout ce qui est objectif, donc y compris la société). Jamais la mythologie égyptienne n'aurait pu fournir un terrain favorable à l'éclosion de l'art grec. Mais il faut en tout cas *une* mythologie. Donc en aucun cas une société arrivée à un stade de développement excluant tout rapport mythologique avec la nature, tout rapport générateur de mythes, exigeant donc de l'artiste une imagination indépendante de la mythologie.
D'autre part, Achille est-il compatible avec la poudre et le plomb ? Ou, somme toute, l'*Iliade* avec la presse ou encore mieux la machine à imprimer ? Est-ce que le chant, le poème épique, la Muse ne disparaissent pas nécessairement devant la barre du typographe, est-ce que ne s'évanouissent pas les conditions nécessaires de la poésie épique ?

Karl Marx, *Contribution à la critique de l'économie politique,*
Paris, Éd. Sociales, 1972, p. 173 sq.

Dans la lettre du 21 septembre 1890 au journaliste allemand Joseph Bloch, Friedrich Engels affirme clairement que le marxisme ne saurait, en aucun cas, se réduire à un économisme.

...D'après la conception matérialiste de l'histoire, le facteur déterminant dans l'histoire est, *en dernière instance,* la production et la reproduction de la vie réelle. Ni Marx ni moi, n'avons jamais affirmé davantage. Si quelqu'un dénature cette position en ce sens que le facteur économique est le *seul* déterminant, il le transforme ainsi en une phrase vide, abstraite, absurde. La situation économique est la base, mais les divers éléments de la superstructure : les formes politiques de la lutte de classe et ses résultats – les Constitutions établies une fois la bataille gagnée par la classe victorieuse, etc. – , les formes juridiques, et même les reflets de toutes ces luttes réelles dans le cerveau des participants, théories politiques, juridiques, philosophiques, conceptions religieuses et leur développement ultérieur en systèmes dogmatiques, exercent

également leur action sur le cours des luttes historiques et, dans beaucoup de cas, en déterminent de façon prépondérante la *forme.* Il y a interaction de tous ces facteurs au sein de laquelle le mouvement économique finit par se frayer un chemin comme une nécessité, au travers d'une infinie multitude de contingences (c'est-à-dire de choses et d'événements dont la liaison interne entre eux est si lointaine ou si difficile à démontrer que nous pouvons la considérer comme inexistante et la négliger). (...)
C'est Marx et moi-même, partiellement, qui devons porter la responsabilité du fait que, parfois, les jeunes donnent plus de poids qu'il ne lui est dû au côté économique. Face à nos adversaires, il nous fallait souligner le principe essentiel nié par eux, et alors nous ne trouvions pas toujours le temps, le lieu, ni l'occasion de donner leur place aux autres facteurs qui participent à l'action réciproque. Mais dès qu'il s'agissait de présenter une tranche d'histoire, c'est-à-dire de passer à l'application pratique, la chose changeait et il n'y avait pas d'erreur possible. Mais malheureusement, il n'arrive que trop fréquemment que l'on croit avoir parfaitement compris une nouvelle théorie et pouvoir la manier sans difficultés, dès qu'on s'en est approprié les principes essentiels, et cela n'est pas toujours exact. Je ne puis tenir quitte de ce reproche plus d'un de nos récents « marxistes », et il faut dire aussi qu'on a fait des choses singulières...

Philosophe et homme politique marxiste italien, Antonio Labriola (1843-1904) dans un essai sur le *Matérialisme historique* (1896) dénonce le zèle empressé de ceux qui donnent un poids abusif au *moment économique.*

L'amour du paradoxe seul, inséparable toujours du zèle des vulgarisateurs passionnés d'une doctrine nouvelle, peut avoir amené certains à croire que pour écrire l'histoire il suffisait de mettre en évidence uniquement le *moment économique* (souvent encore inconnu et souvent inconnaissable), pour ensuite jeter à terre tout le reste comme un fardeau inutile dont les hommes s'étaient capricieusement chargés, comme un accessoire, en somme, une simple bagatelle, ou même comme quelque chose d'inexistant.

Antonio Labriola, *Essais sur la conception matérialiste de l'histoire,* Paris, Marcel Giard, 1928, p. 118.

Raymond Aron (1905-1983), philosophe et sociologue français, très critique à l'égard du marxisme, montre dans ses cours de 1955-1956 *Dix-huit Leçons sur la société industrielle* que l'interprétation de type « économiste » n'est pas conforme à la pensée authentique de Marx.

Trois lectures sont possibles : moniste, anthropologique et sociologique. Raymond Aron écarte la première lecture.

La réponse marxiste au problème de la saisie de l'ensemble, telle qu'on la trouve dans les livres de Marx, s'appelle couramment matérialisme historique. Je n'envisagerai ici qu'un aspect limité du matérialisme historique, ce que l'on pourrait et devrait appeler l'interprétation économique de l'histoire, telle que Marx la formule dans la préface de la *Contribution à la critique de l'économie politique.* Dans ce texte célèbre, que Marx lui-même appelle un résumé de ses conceptions les plus générales, il est dit que chaque société est caractérisée et définie par un certain état des rapports de production, état qui correspond lui-même à un certain état de développement des forces productives. Sur l'infrastructure constituée par les rapports de production se développent les phénomènes politiques, intellectuels et religieux.

Marx distingue infrastructure économico-sociale et ensemble de la société, il oppose la réalité humaine vécue et la conscience que l'on en prend. Pour comprendre une société, il faut saisir la manière dont les hommes vivent et non pas l'idée qu'ils se font de leur propre existence ; il faut saisir l'être réel des hommes dans le travail et dans l'organisation collective, et non pas les idéologies que les hommes se font de leur propre société.

Dans les sociétés actuelles, les rapports de production capitalistes sont antagonistes : d'un côté les détenteurs de moyens de production, de l'autre les prolétaires exploités. Ces rapports de production antagonistes impliquent une tension permanente et, à partir d'un certain moment, ils entrent en contradiction avec les forces de production. Les forces de production se développent, elles ne peuvent pas trouver place dans les cadres sociaux et juridiques de la société capitaliste jusqu'au moment où la contradiction éclatera en révolution. La classe opprimée, c'est-à-dire la classe prolétarienne, est chargée pour ainsi dire par l'histoire, ou vouée par l'histoire, à réaliser cette révolution.

Ce résumé rapide n'est rien de plus qu'un commentaire de la préface de la *Contribution à la critique de l'économie politique* de Marx. Comment peut-on interpréter ce texte et quelles conséquences peut-on en tirer pour le problème de méthode ?

La première interprétation possible, que j'appellerai *moniste* ou métaphysique, n'est pas l'interprétation marxiste authentique, bien que certains textes de Marx puissent la suggérer. Elle consisterait à affirmer que les hommes sont intégralement définis par le travail et par la manière dont ils organisent leur travail, que les régimes économiques se transforment en obéissant à un dynamisme propre, sans intervention de phénomènes extérieurs à l'ordre économique. Cette interprétation moniste n'est pas celle de Marx car il n'est pas vrai que Marx nie la réalité ou l'efficacité des autres phénomènes. Lorsqu'il essaie d'interpréter le mouvement global de la société, il donne une place aux phénomènes intellectuels, politiques et religieux. Dans la dialectique de la lutte de classes intervient un moment essentiel : la prise de conscience par le prolétariat de sa situation. C'est parce que le prolétariat prend conscience, partiellement grâce aux philosophes, de sa situation de classe exploitée qu'il devient une classe révolutionnaire et peut renverser le système capitaliste. Si la prise de conscience par le prolétariat de sa situation est un des ressorts de l'histoire, l'interprétation moniste n'est pas conforme à la pensée authentique de Marx.

Raymond Aron, *Dix-huit Leçons sur la société industrielle,* p. 54-55-56.

Louis Althusser (1918), philosophe marxiste, dans sa *Soutenance d'Amiens* (1975) montre toute l'importance de la thèse de la « détermination par l'économie *en dernière instance* ».

On sait que Marx et Engels ont soutenu la thèse de la détermination par l'économie *en dernière instance.* Ce petit mot qui n'a l'air de rien bouleverse en fait toute la conception de la société et de l'histoire régnantes. On n'a pas assez remarqué la figure ou la métaphore dans laquelle Marx représente sa conception d'une société dans la Préface à la *Contribution* de 1859. Cette figure est celle d'une *topique,* c'est-à-dire d'un dispositif spatial, assignant à des réalités données des lieux dans l'espace.
La topique marxiste donne la société dans la métaphore d'un édifice, dont les étages reposent, en bonne logique d'édifice, sur sa base. La base, c'est *die Basis,* ou *die Struktur,* que l'on traduit traditionnellement en français par base, et plus souvent infrastructure : c'est l'économie, l'unité des forces productives et des rapports de production sous les rapports de production. Sur le rez-de-chaussée de la base, s'élève l'étage ou les étages de l'Uberbau, en français la superstructure juridico-politique et idéologique. (...)
Dans la détermination de la topique, la dernière *instance* est bien la *dernière* instance. Si elle est *la dernière,* comme dans l'image juridique qui la soutient, c'est qu'il y en a *d'autres,* celles qui figurent dans la superstructure juridico-politique et idéologique. (...)
Affirmer la détermination en dernière instance *par l'économie,* c'est se démarquer de toutes les philosophies idéalistes de l'histoire, c'est adopter une position matérialiste. Mais parler de détermination par l'économie en *dernière instance,* c'est aussi se démarquer de toute conception mécaniste du déterminisme et c'est adopter une position dialectique. Pourtant quand on pense à l'ombre de Hegel, il faut prendre garde à la tentation idéaliste de la dialectique. Justement, lorque Marx inscrit la dialectique dans le jeu entre les instances d'une topique, il se démarque de l'illusion d'une dialectique qui serait capable de produire, par le mouvement spontané de son auto-développement, sa propre matière. En soumettant la dialectique à la contrainte de la topique, Marx la soumet à ses conditions réelles d'exercice, il la protège de la folie spéculative, il lui prescrit d'être matérialiste, donc de reconnaître que ses propres figures sont prescrites par la matérialité de ses conditions.

Louis Althusser, *Positions,* « La Dernière Instance », p. 138 sq.

☐ 6. ALTHUSSER

Dans son article « Idéologie et appareils idéologiques d'État » (*La Pensée* n° 151, juin 1970), le philosophe français Louis Althusser lie le problème de l'idéologie à celui de la « reproduction des conditions de la production ».

Cette reproduction est celle : 1. des forces productives (moyens de production et force de travail) ; 2. des rapports de production existants. L'idéologie est ce par quoi la reproduction aussi s'assure.

Pour énoncer ce fait dans une langue plus scientifique, nous dirons que la reproduction de la force de travail exige non seulement une reproduction de sa qualification, mais, en même temps, une reproduction de sa soumission aux règles de l'ordre établi, c'est-à-dire une reproduction de sa soumission à l'idéologie dominante pour les ouvriers et une reproduction de la capacité à bien manier l'idéologie dominante pour les agents de l'exploitation et de la répression, afin qu'ils assurent aussi « par la parole » la domination de la classe dominante.

Pour Louis Althusser, la reproduction des conditions de production suppose que les hommes acceptent un certain nombre de « représentations » communes concernant leurs rapports à leurs conditions d'existence.

Mais ces rapports sont imaginaires, ce qu'exprime la Thèse I : *L'Idéologie représente le rapport imaginaire des individus à leurs conditions réelles d'existence.*

Ce n'est pas leurs conditions d'existence réelles, leur monde réel, que les « hommes » « se représentent » dans l'idéologie, mais c'est avant tout leur rapport à ces conditions d'existence qui leur y est représenté. C'est ce rapport qui est au centre de toute représentation idéologique, donc imaginaire du monde réel. C'est dans ce rapport que se trouve contenue la « cause » qui doit rendre compte de la déformatiion imaginaire de la représentation idéologique du monde réel. Ou plutôt, pour laisser en suspens le langage de la cause, il faut avancer la thèse que c'est la nature imaginaire de ce rapport qui soutient toute la déformation imaginaire qu'on peut observer (si on ne vit pas dans sa vérité) dans toute idéologie.
Pour parler un langage marxiste, s'il est vrai que la représentation des conditions d'existence réelle des individus occupant des postes d'agents de la production, de l'exploitation, de la répression, de l'idéologisation et de la pratique scientifique, relève en dernière instance des rapports de production, nous pouvons dire ceci : toute idéologie représente, dans sa déformation nécessairement imaginaire, non pas les rapports de production existants (et les autres rapports qui en dérivent), mais avant tout le rapport (imaginaire) des individus aux rapports de production et aux rapports qui en dérivent. Dans l'idéologie est donc représenté non pas le système des rapports réels qui gouvernent l'existence des individus, mais le rapport imaginaire de ces individus aux rapports réels sous lesquels ils vivent. »

Louis Althusser, *Positions,* p. 103-104.

C'est dans le rapport imaginaire aux conditions réelles d'existence que l'homme découvre que l'idéologie interpelle toujours l'individu comme sujet.

☐ 7. SCIENCE ET IDÉOLOGIE

L'historien des sciences et épistémologue, Georges Canguilhem dans *Idéologie et Rationalité dans l'histoire des sciences de la vie* (1977) met en avant la notion d'idéologie scientifique.

Une idéologie scientifique n'est pas une fausse conscience comme l'est une idéologie politique de classe. Ce n'est pas non plus une fausse science. Le propre d'une fausse science c'est de ne rencontrer jamais le faux, de n'avoir à renoncer à rien, de n'avoir jamais à changer de langage. Pour une fausse science, il n'y a pas d'état préscientifique. Le discours de la fausse science ne peut pas recevoir de démenti. Bref la fausse science n'a pas d'histoire. Une idéologie scientifique a une histoire, par exemple l'atomisme sur le cas duquel nous reviendrons. Une idéologie scientifique trouve une fin, quand le lieu qu'elle occupait dans l'encyclopédie du savoir se trouve investi par une discipline qui fait la preuve, opérativement, de la validité de ses normes de scientificité. A ce moment un certain domaine de non-science se trouve déterminé par exclusion. Nous disons non-science plutôt qu'anti-science – comme le fait M. Suchodolski – uniquement pour prendre en considération ce fait que dans une idéologie scientifique il y a une ambition explicite d'être science, à l'imitation de quelque modèle de science déjà constituée. Cela nous paraît essentiel. L'existence d'idéologies scientifiques implique l'existence parallèle et préalable de discours scientifiques et par la suite le partage déjà opéré de la science et de la religion. Considérons le cas de l'atomisme. Démocrite, Épicure et Lucrèce revendiquent pour leur physique et leur psychologie le statut de science. A l'anti-science qu'est la religion, ils opposent l'anti-religion qu'est leur science. L'idéologie scientifique est évidemment la méconnaissance des exigences méthodologiques et des possibilités opératoires de la science dans le secteur de l'expérience qu'elle cherche à investir, mais elle n'est pas l'ignorance, ou le mépris ou le refus de la fonction de la science. C'est dire par conséquent qu'on ne doit pas confondre absolument idéologie scientifique et superstition, puisque l'idéologie occupe une place, même si c'est par usurpation, dans l'espace de la connaissance et non dans l'espace de la croyance religieuse. Et en outre elle ne peut être traitée de superstition si l'on s'en tient strictement au sens étymologique. La superstition c'est le maintien d'une représentation d'ancienne religion que son interdiction par la nouvelle religion n'a pas éliminée. L'idéologie scientifique est bien sur-située par rapport au site que viendra tenir la science. Mais elle n'est pas seulement sur-située, elle est dé-portée. Quand une science vient occuper une place que l'idéologie semblait indiquer, ce n'est pas à l'endroit que l'on attendait. Quand la chimie et la physique, au XIXe siècle, ont constitué la connaissance scientifique de l'atome, l'atome n'est pas apparu à l'endroit que l'idéologie atomistique lui assignait, à la place de l'indivisible. Ce que la science trouve n'est pas ce que l'idéologie donnait à chercher. La persistance des mots ne fait rien à l'affaire ; quand le contexte des orientations et des méthodes est aussi différent que peuvent différer une technique de la pulvérisation des solides et une théorie de la convergence de mesures, au point que ce que l'idéologie annonçait comme le simple trouve sa réalité scientifique dans une cohérence de complications.

Georges Canguilhem, *Idéologie et Rationalité*, Paris, Vrin, 1977.

Michel Foucault, dans l'*Archéologie du savoir* (1969), analyse le domaine des « choses dites ». Le discours est une pratique (pratique discursive) qui ne se laisse pas saisir hors les rapports matériels et institutionnels qui le structurent (pratiques non discursives). Le savoir c'est le champ des transformations possibles qui affectent les rapports constituants de la pratique discursive, en tant qu'elles sont elles-mêmes rapportées à des pratiques non discursives. C'est à partir de cette notion de savoir que Michel Foucault redéfinit le rapport de l'idéologie à la science. Contrairement à ce qu'affirme Louis Althusser, une science ne rompt pas avec son passé pour vivre une vie autarcique, mais elle émerge du champ du savoir et coexiste dans ce champ avec d'autres pratiques.

Une fois constituée, une science ne reprend pas à son compte et dans les enchaînements qui lui sont propres tout ce qui formait la pratique discursive où elle apparaît ; elle ne dissipe pas non plus – pour le renvoyer à la préhistoire des erreurs, des préjugés ou de l'imagination – le savoir qui l'entoure. (...)
La science (ou ce qui se donne pour tel) se localise dans un champ de savoir et elle y joue un rôle. Rôle qui varie selon les différentes formations discursives et qui se modifie avec leurs mutations. Ce qui, à l'époque classique, se donnait comme connaissance médicale des maladies de l'esprit occupait dans le savoir de la folie une place fort limitée : il n'en constituait guère qu'une des surfaces d'affleurement, parmi bien d'autres (jurisprudence, casuistique, réglementation policière, etc.) ; en revanche, les analyses psychopathologiques du XIXe siècle, qui se donnaient elles aussi pour une connaissance scientifique des maladies mentales, ont joué un rôle fort différent et beaucoup plus important dans le savoir de la folie (rôle de modèle et d'instance de décision). (...)
La prise de l'idéologie sur le discours scientifique et le fonctionnement idéologique des sciences ne s'articulent pas au niveau de leur structure idéale (même s'ils peuvent s'y traduire d'une façon plus ou moins visible), ni au niveau de leur utilisation technique dans une société (bien que celle-ci puisse y prendre effet), ni au niveau de la conscience des sujets qui la bâtissent ; ils s'articulent là où la science se découpe sur le savoir. Si la question de l'idéologie peut être posée à la science, c'est dans la mesure où celle-ci, sans s'identifier au savoir, mais sans l'effacer ni l'exclure, se localise en lui, structure certains de ses objets, systématise certaines de ses énonciations, formalise tels de ses concepts et de ses stratégies ; c'est dans la mesure où cette élaboration scande le savoir, le modifie et le redistribue pour une part, le confirme et le laisse valoir pour une autre part ; c'est dans la mesure où la science trouve son lieu dans une régularité discursive et où, par là, elle se déploie et fonctionne dans tout un champ de pratiques discursives ou non. Bref la question de l'idéologie posée à la science, ce n'est pas la question des situations ou des pratiques

qu'elle reflète d'une façon plus ou moins consciente : ce n'est pas la question non plus de son utilisation éventuelle ou de tous les mésusages qu'on peut en faire ; c'est la question de son existence comme pratique discursive et de son fonctionnement parmi d'autres pratiques.
Ce qui permet d'avancer un certain nombre de propositions.
1. L'idéologie n'est pas exclusive de la scientificité. Peu de discours ont fait autant de place à l'idéologie que le discours clinique ou celui de l'économie politique : ce n'est pas une raison suffisante pour assigner en erreur, en contradiction, en absence d'objectivité l'ensemble de leurs énoncés.
2. Les contradictions, les lacunes, les défauts théoriques peuvent bien signaler le fonctionnement idéologique d'une science (ou d'un discours à prétention scientifique) ; ils peuvent permettre de déterminer en quel point de l'édifice ce fonctionnement prend ses effets. Mais l'analyse de ce fonctionnement doit se faire au niveau de la positivité et des rapports entre les règles de la formation et les structures de la scientificité.
3. En se corrigeant, en rectifiant ses erreurs, en resserrant ses formalisations, un discours ne dénoue pas pour autant et forcément son rapport à l'idéologie. Le rôle de celle-ci ne diminue pas à mesure que croît la rigueur et que la fausseté se dissipe.
4. S'attaquer au fonctionnement idéologique d'une science pour le faire apparaître et pour le modifier, ce n'est pas mettre au jour les présupposés philosophiques qui peuvent l'habiter ; ce n'est pas revenir aux fondements qui l'ont rendue possible et qui la légitiment : c'est la remettre en question comme formation discursive ; c'est s'attaquer non aux contradictions formelles de ses propositions, mais au système de formation de ses objets, de ses types d'énonciations, de ses concepts, de ses choix théoriques. C'est la reprendre comme pratique parmi d'autres pratiques.

Michel Foucault, *Archéologie du savoir,* Paris, Gallimard, p. 240-243.

□ 8. LE MYTHE DE LA FIN DE L'IDÉOLOGIE

Avec l'avènement du communisme la fonction d'illusion idéologique prendra-t-elle fin ? La lecture que Georges Canguilhem fait de certains textes de Marx l'amène à répondre positivement. Cependant ce n'est pas la fin de toute idéologie.

Dans l'ordre de l'idéologie, il faut distinguer le contenu et la fonction. Marx déclare explicitement que les idéologies prendront fin lorsque la classe qui assume par nécessité l'obligation d'abolir les rapports de classes aura accompli son devoir dialectique. La fonction d'illusion idéologique, politique, morale, religieuse aura alors littéralement fait son temps. Cela suppose, notons-le bien, que la société homogène et pacifiée continue à trouver la description juste de sa situation dans le texte de Marx, sans renversement et sans chiasme. Toutefois l'histoire continue, et même on doit dire qu'elle commence. Cette histoire est celle de certains rapports à la nature. Nous avons donc à nous demander si des rapports nouveaux à la nature peuvent être institués en toute lucidité et prévision scientifiques préalables, ce qui revient à prédire un cours paisible à la science dans son historicité. Ne peut-on soutenir, au contraire, que la production progressive de connaissances scientifiques nouvelles requiert, à l'avenir comme dans le passé, une certaine antériorité de l'aventure intellectuelle sur la rationalisation, un dépassement présomptueux, par les exigences de la vie et de l'action, de ce qu'il faudrait déjà connaître et avoir vérifié, avec prudence et méfiance, pour que les hommes se rapportent à la nature selon de nouveaux rapports en toute sécurité. Dans ce cas l'idéologie scientifique serait à la fois obstacle et condition de la science. Dans ce cas l'histoire des sciences devrait inclure une histoire des idéologies scientifiques reconnues comme telles.

Georges Canguilhem, *Idéologie et Rationalité dans l'histoire des sciences de la vie*, Paris, Vrin, 1977.

On imagine parfois que le développement des sciences et l'instauration d'une société sans classes amèneraient le dépérissement de l'idéologie. Louis Althusser, pour sa part, s'inscrit en faux contre le mythe de la fin de l'idéologie.

Et pour ne pas éviter la question la plus brûlante, *le matérialisme historique ne peut concevoir qu'une société communiste elle-même puisse jamais se passer d'idéologie,* qu'il s'agisse de morale, d'art, ou de « représentation du monde ». On peut certes y prévoir des modifications importantes dans les formes idéologiques et leurs rapports, voire la disparition de certaines formes existantes ou le transfert de leur fonction sur des formes voisines ; on peut aussi (sur les prémisses de l'expérience déjà acquise) prévoir le développement de nouvelles formes idéologiques (par exemple les idéologies : « conception du monde scientifique », « humanisme communiste »), mais, dans l'état actuel de la théorie marxiste, prise dans sa rigueur, il n'est pas concevable que le communisme, nouveau mode de production, impliquant des forces de production et des rapports de production déterminés, puisse se passer d'une organisation sociale de la production, et de formes idéologiques correspondantes. L'idéologie n'est donc pas une aberration ou une excroissance contingente de l'Histoire : elle est une structure essentielle à la vie historique des sociétés. Seules, d'ailleurs, l'existence et la reconnaissance de sa nécessité peuvent permettre d'agir sur l'idéologie et de transformer l'idéologie en instrument d'action réfléchi sur l'Histoire.

Louis Althusser, *Pour Marx,* Paris, Maspero, Coll. Théorie, 1965, p. 238-239.

Le vocabulaire de L'Idéologie allemande

ALIÉNATION
La puissance sociale, c'est-à-dire la force productive décuplée qui naît de la coopération des divers individus, conditionnée par la division du travail, n'apparaît pas à ces individus comme leur propre puissance conjuguée, parce que cette coopération elle-même n'est pas volontaire, mais naturelle ; elle leur apparaît au contraire comme une puissance étrangère, située en dehors d'eux, dont ils ne savent ni d'où elle vient ni où elle va, qu'ils ne peuvent donc plus dominer.

APPROPRIATION
C'est seulement à ce stade que la manifestation de soi coïncide avec la vie matérielle, ce qui correspond à la transformation des individus en individus complets et au dépouillement de tout caractère imposé originairement par la nature ; à ce stade, correspond la transformation du travail en manifestation de soi et la métamorphose des relations conditionnées jusqu'alors en relations des individus en tant qu'individus. Avec l'appropriation de la totalité des forces productives par les individus réunis, la propriété privée se trouve abolie.

BESOIN
Le premier besoin lui-même une fois satisfait, l'action de le satisfaire et l'instrument déjà acquis de cette satisfaction poussent à de nouveaux besoins, – et cette production de nouveaux besoins est le premier fait historique.

COERCITION
Le combat *pratique* de ces intérêts particuliers, qui constamment se heurtent *réellement* aux intérêts collectifs et illusoirement collectifs, rend nécessaire l'intervention *pratique* et le refrènement par l'intérêt « universel » illusoire sous forme d'État.

COMMUNISME
Le communisme n'est pour nous ni un *état* qui doit être créé, ni un *idéal* sur lequel la réalité devra se régler. Nous appelons communisme le mouvement *réel* qui abolit l'état actuel.

CONSCIENCE
La conscience ne peut jamais être autre chose que l'Être conscient et l'Être des hommes est leur processus de vie réel.

DIVISION DU TRAVAIL
La division du travail à l'intérieur d'une nation entraîne d'abord la séparation du travail industriel et commercial, d'une part, et du travail agricole, d'autre part ; et, de ce fait, la séparation de la *ville* et de la *campagne* et l'opposition de leurs intérêts. Son développement ultérieur conduit à la séparation du travail commercial et du travail industriel.

DOMINATION
Les pensées dominantes ne sont pas autre chose que l'expression idéale des rapports matériels dominants, elles sont ces rapports matériels dominants

saisis sous forme d'idées, donc l'expression des rapports qui font d'une classe la classe dominante ; autrement dit, ce sont les idées de sa domination.

ÉTAT
C'est justement cette contradiction entre l'intérêt particulier et l'intérêt collectif qui amène l'intérêt collectif à prendre, en qualité d'*État*, une forme indépendante, séparée des intérêts réels de l'individu et de l'ensemble et à faire en même temps figure de communauté illusoire.

ÉTAT
Du fait que la propriété privée s'est émancipée de la communauté, l'État a acquis une existence particulière à côté de la société civile et en dehors d'elle ; mais cet État n'est pas autre chose que la forme d'organisation que les bourgeois se donnent par nécessité, pour garantir réciproquement leur propriété et leurs intérêts, tant à l'extérieur qu'à l'intérieur.

HISTOIRE
L'histoire n'est pas autre chose que la succession des différentes générations dont chacune exploite les matériaux, les capitaux, les forces productives qui lui sont transmis par toutes les générations précédentes.

HISTOIRE UNIVERSELLE
Le prolétariat ne peut donc exister qu'à *l'échelle de l'histoire naturelle,* de même que le communisme, qui en est l'action, ne peut absolument pas se rencontrer autrement qu'en tant qu'existence « historique universelle ». Existence historique universelle des individus, autrement dit, existence des individus directement liée à l'histoire universelle.

HOMME
Les individus qui ne sont plus subordonnés à la division du travail, les philosophes se les sont représentés, comme idéal, sous le terme « d'Homme », et ils ont compris tout le processus que nous venons de développer comme étant le développement « de l'Homme » ; si bien qu'à chaque stade de l'histoire passée on a substitué « l'Homme » aux individus existants et on l'a présenté comme la force motrice de l'histoire.

IDÉOLOGIE
Et si, dans toute l'idéologie, les hommes et leurs rapports nous apparaissent placés la tête en bas comme dans une *camera obscura* (°), ce phénomène découle de leur processus de vie historique, absolument comme le renversement des objets sur la rétine découle de son processus de vie directement physique.

INDIVIDUS
La classe devient à son tour indépendante à l'égard des individus, de sorte que ces derniers trouvent leurs conditions de vie établies d'avance, reçoivent de leur classe, toute tracée, leur position dans la vie et du même coup leur développement personnel ; ils sont subordonnés à leur classe.

INÉGALITÉ
Ces trois moments, la force productive, l'état social et la conscience peuvent et doivent entrer en conflit entre eux, car, par la *division du travail,* il devient possible, bien mieux, il arrive effectivement que l'activité intellectuelle et matérielle, la jouissance et le travail, la production et la consommation échoient en partage à des individus différents.

LANGAGE
Le langage *est* la conscience réelle, pratique, existant aussi pour d'autres hommes, existant donc alors seulement pour moi-même aussi et, tout comme la conscience, le langage n'apparaît qu'avec le besoin, la nécessité du commerce avec d'autres hommes.

LIBÉRATION
C'est seulement dans la communauté [avec d'autres que chaque] individu a les moyens de développer ses facultés dans tous les sens ; c'est seulement dans la communauté que la liberté personnelle est donc possible. Dans les succédanés de communautés qu'on a eus jusqu'ici, dans l'État, etc., la liberté

(°) chambre noire.

personnelle n'existait que pour les individus qui s'étaient développés dans les conditions de la classe dominante et seulement dans la mesure où ils étaient des individus de cette classe.

LIBERTÉ
Ce droit de pouvoir jouir en toute tranquillité de la contingence à l'intérieur de certaines conditions, c'est ce qu'on appelait jusqu'à présent la liberté personnelle. – Ces conditions d'existence ne sont naturellement que les forces productives et les modes d'échanges de chaque période.

LUTTE DES CLASSES
Toutes les luttes à l'intérieur de l'État, la lutte entre la démocratie, l'aristocratie et la monarchie, la lutte pour le droit de vote, etc., etc., ne sont que les formes illusoires sous lesquelles sont menées les luttes effectives des différentes classes entre elles.

MANIFESTATION DE SOI
Seuls les prolétaires de l'époque actuelle, totalement exclus de toute manifestation de soi, sont en mesure de parvenir à une manifestation de soi totale, et non plus bornée, qui consiste dans l'appropriation d'une totalité de forces productives et dans le développement d'une totalité de facultés que cela implique.

MATÉRIALISTE
En réalité pour le matérialiste *pratique,* c'est-à-dire pour le *communiste,* il s'agit de révolutionner le monde existant, d'attaquer et de transformer pratiquement l'état des choses qu'il a trouvé.

MONDE SENSIBLE
Le monde sensible [qui l'entoure] n'est pas un objet donné directement de toute éternité et sans cesse semblable à lui-même, mais le produit de l'industrie et de l'état de la société, et cela en ce sens qu'il est un produit historique, le résultat de l'activité de toute une série de générations.

PENSÉE DOMINANTE
Les pensées de la classe dominante sont aussi, à toutes les époques, les pensées dominantes, autrement dit la classe qui est la puissance *matérielle* dominante de la société est aussi la puissance dominante *spirituelle*.

PERSONNE
Il y a une différence entre la vie de chaque individu, dans la mesure où elle est personnelle, et sa vie dans la mesure où elle est personnelle, et sa vie dans la mesure où elle est subordonnée à une branche quelconque du travail et aux conditions inhérentes à cette branche. [...] La différence entre l'individu personnel opposé à l'individu en sa qualité de membre d'une classe, la contingence des conditions d'existence pour l'individu n'apparaissent qu'avec la classe qui est elle-même un produit de la bourgeoisie.

PHILOSOPHIE
Dès lors qu'est exposée la réalité, la philosophie cessé d'avoir un milieu où elle existe de façon autonome. A sa place, on pourra tout au plus mettre une synthèse des résultats les plus généraux qu'il est possible d'abstraire de l'étude du développement historique des hommes.

PRÉMISSES
Ces prémisses, ce sont les hommes, non pas isolés et figés de quelque manière imaginaire, mais saisis dans leur processus de développement réel dans des conditions déterminées, développement visible empiriquement.

PROLÉTARIAT
Une classe qui supporte toutes les charges de la société, sans jouir de ses avantages, qui est expulsée de la société et se trouve, de force, dans l'opposition la plus ouverte à toutes les autres classes, une classe que forme la majorité des membres de la société et d'où surgit la conscience de la nécessité d'une révolution radicale, conscience qui est la conscience communiste.

PROPRIÉTÉ
Les divers stades de développement de la division du travail représentent autant de formes différentes de la propriété ; autrement dit, chaque nouveau stade de la division du travail détermine également les rapports des indi-

vidus entre eux pour ce qui est de la matière, des instruments et des produits du travail.

PROPRIÉTÉ PRIVÉE
Division du travail et propriété privée sont des expressions identiques – on énonce, dans la première, par rapport à l'activité, ce qu'on énonce dans la seconde, par rapport au produit de cette activité.

RELIGION
La religion est de prime abord conscience de la *transcendance* [conscience qui] naît de l'obligation *réelle*.

REPRÉSENTATION
La division du travail ne devient effectivement division du travail qu'à partir du moment où s'opère une division du travail matériel et intellectuel. A partir de ce moment, la conscience *peut* vraiment s'imaginer qu'elle est autre chose que la conscience de la pratique existante, qu'elle représente réellement quelque chose sans représenter quelque chose de réel. A partir de ce moment, la conscience est en état de s'émanciper du monde et de passer à la formation de la théorie « pure », théologie, philosophie, morale, etc.

RÉVOLUTION
Cette contradiction entre les forces productives et le mode d'échanges a dû chaque fois éclater dans une révolution, prenant en même temps diverses formes accessoires, telles que totalité de conflits, heurts de différentes classes, contradictions de la conscience, lutte idéologique, etc., lutte politique, etc.

SOCIÉTÉ CIVILE
La société civile embrasse l'ensemble des rapports matériels des individus à l'intérieur d'un stade de développement déterminé des forces productives. Elle embrasse l'ensemble de la vie commerciale et industrielle d'une étape et déborde par là même l'État et la nation.

SOCIÉTÉ CIVILE
La forme des échanges, conditionnée par les forces de production existant à tous les stades historiques qui précèdent le nôtre et les conditionnant à leur tour, est la *société civile*, qui a pour condition préalable et base fondamentale la famille simple et la famille composée, ce que l'on appelle le clan.

SUBSTANCE
Cette somme de forces de production, de capitaux, de formes de relations sociales, que chaque individu et chaque génération trouvent comme des données existantes, est la base concrète de ce que les philosophes se sont représenté comme « substance » et « essence de l'homme ».

VILLE/CAMPAGNE
La plus grande division du travail matériel et intellectuel est la séparation de la ville et de la campagne. L'opposition entre la ville et la campagne fait son apparition avec le passage de la barbarie à la civilisation, de l'organisation tribale à l'État, du provincialisme à la nation, et elle persiste à travers toute l'histoire de la civilisation jusqu'à nos jours.

Edition : Marie-Hélène Christensen
Mise en pages : ENVERGURE *(J. de Swetschin)*

N° d'éditeur P 45643 I (D.O.VII) T.C
imprimé en France. Octobre 1989
par Mame Imprimeurs à Tours (n° 23655).